Questo libro è dedicato a Massimo, il ragazzo che Ayrton, in gran segreto, andava a trovare in ospedale, a Imola.

Perché per "Magic" regalare un sorriso era importante quanto vincere un gran premio.

This book is dedicated to Massimo, the boy who Ayrton secretly visited in hospital at Imola. Because to Magic, as some called the great Brazilian driver, the gift of a smile was as important as winning a grand prix.

Mario Donnini

SENNA & IMOLA

UNA STORIA NELLA STORIA

A STORY WITHIN A STORY

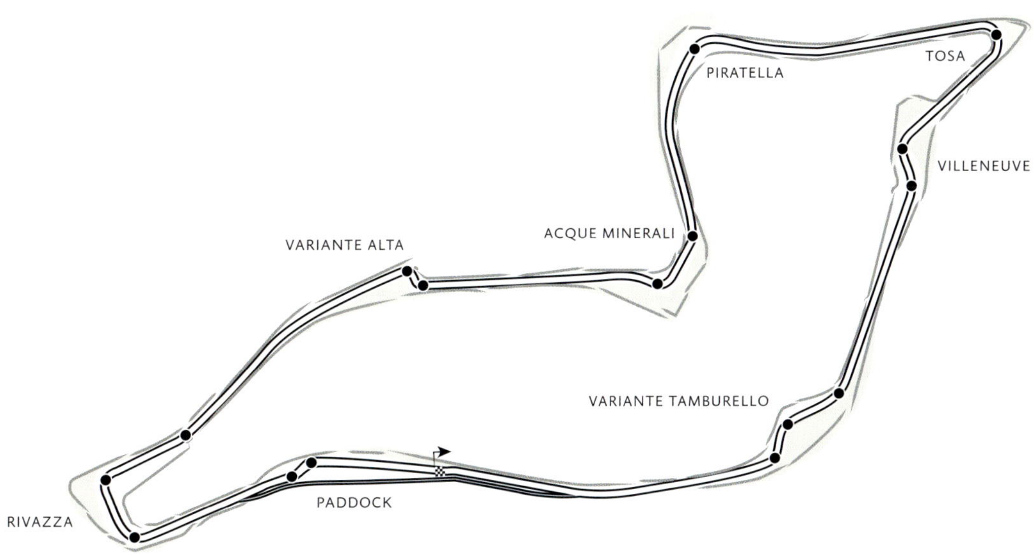

AUTODROMO INTERNAZIONALE ENZO E DINO FERRARI

GIORGIO NADA EDITORE

Giorgio Nada Editore Srl

Coordinamento editoriale/Editorial manager
Leonardo Acerbi

Redazione/Editorial
Giorgio Nada Editore

Traduzione/Translation
Robert Newman/Neil Davenport

Apparato didascalico/Captions
Leonardo Acerbi

Progetto grafico e impaginazione/Graphic Design and layout
Sansai Zappini

Copertina/Cover
Sansai Zappini

DESIGNED & MANUFACTURED IN ITALY

Giorgio Nada Editore
Via Claudio Treves, 15/17
I – 20090 VIMODRONE MI
Tel. +39 02 27301126
Fax +39 02 27301454
E-mail: info@giorgionadaeditore.it
http://www.giorgionadaeditore.it

Allo stesso indirizzo può essere richiesto il catalogo di tutte le opere pubblicate dalla Casa Editrice.

The catalogue of Giorgio Nada Editore publications is available on request at the above address.

Distribuzione:
Giunti Editore Spa
via Bolognese 165
I – 50139 FIRENZE
www.giunti.it

Senna&Imola
978-88-7911-613-8

Oltre alle immagini provenienti dall'archivio della Casa editrice, questo volume si avvale di materiale fornito da:
As well as the images taken from the publisher's archives, this book also includes material from:

Giorgio Aroldi
Stefano Calamelli
Massimo Campi
Beppe Donazzan
Diego Fundarò
Enrico Mapelli

L'Editore desidera rivolgere un sentito ringraziamento alla Conti Editore e in particolare alla redazione di *Autosprint* e al suo direttore Alberto Sabbatini che, oltre a fornire il suo personale ricordo del campione brasiliano in una delle interviste che figurano nel libro, ha messo a disposizione le preziose immagini dell'archivio della sua testata.

The publisher would like to sincerely thank Conti Editore and in particular the editorial department of Autosprint and its editor Alberto Sabbatini. As well as providing his personal recollections of the Brazilian champion in one of the book's interviews, he has made available the invaluable images from his periodical's archive.

Sommario

Prefazione/*Preface*
Pietro Benvenuti
Direttore/*Director* Autodromo Internazionale Enzo e Dino Ferrari di Imola 6

Ricordare Ayrton/*Remembering Ayrton*
Il Dottor Costa 8

Introduzione: Due miti insieme, più un terzo a sorpresa/*Introduction: Two legends together, plus another surprise one*
Mario Donnini 12

1984	Johnny Cecotto	Quella qualifica mancata *That missed qualifying session*	16
1985	Angelo Parrilla	La prima pole firmata Ayrton *Ayrton's first pole*	24
1986	Gian Carlo Minardi	Ayrton si conferma re della pole *Arton proved to be the king of the pole*	34
1987	Alberto Sabbatini	Una pole intelligente *An intelligent pole*	44
1988	Pino Allievi	Finalmente sul gradino più alto del podio *Finally on the top step of the podium*	54
1989	Cesare Maria Mannucci	La rottura con Alain *The break with Alain*	64
1990	Pierlugi Martini	Senna VS Prost...e Ferrari *Senna V Prost...and Ferrari*	74
1991	Carlo Cavicchi	Senna fa il tris *Senna makes it three*	84
1992	Giorgio Serra	Comunque sul podio *On the podium anyway*	94
1993	Alessandro Zanardi	Una lotta impari *An unequal battle*	104
1994	Mario Poltronieri	Un addio da leader *A leader's goodbye*	114
2014		Vent'anni dopo...Ayrton di nuovo a Imola *Twenty years later... Ayrton at Imola again*	126
		Tutti i numeri di Ayrton a Imola *All the numbers on Ayrton at Imola*	128

Prefazione - *Preface*

Dal dicembre 2011 svolgo con particolare orgoglio il ruolo di Direttore dell'Autodromo internazionale di Imola. Un circuito con oltre mezzo secolo di storia alle spalle, delle quattro e delle due ruote, e che in questo momento guarda con rinnovata fiducia al futuro cercando di valorizzare le sue vaste potenzialità.

Ma quest'operazione la compie volgendo *in primis* lo sguardo anche alle solide fondamenta su cui poggia la propria storia, fondamenta fatte di protagonisti, eventi e momenti che hanno visto Imola teatro di episodi indimenticabili, primi fra tutti quelli legati alla F1 e ai suoi campioni, che vanno ricordati e tramandati.

E il nome di Ayrton Senna e quello del tracciato dedicato a Enzo e Dino Ferrari restano inscindibilmente legati, dall'inizio alla fine della parabola vincente del campionissimo brasiliano, che sulle rive del Santerno ha scritto pagine ineguagliate di Sport e coraggio, in dieci anni esatti: dal (mancato) debutto del 1984, fino al 1994, segnato purtroppo dal destino, che lo rapì al Tamburello mentre era in testa al Gran Premio di San Marino.

Da qui la nostra esigenza di prendere parte alla realizzazione di un volume che narrasse in modo nuovo questo rapporto speciale, facendo leva sulla complessa e affascinante vicenda umana del campione, resa più splendente, nel corso dei suoi dieci anni di corse iridate imolesi, dalla sfida rappresentata dalla pista e dai rivali ma anche e soprattutto dall'unicità del clima umano, dei personaggi e dell'immensa passione che Ayrton incontrò a Imola più che altrove.

Il risultato è il libro che avete sotto gli occhi. Per il quale l'autore Mario Donnini ha scelto un taglio originale – diverso da tutti i volumi che fino ad oggi hanno parlato di Senna o di Imola –, unendo i due soggetti e valorizzando l'aneddotica, i racconti e i momenti di vita privata e fino a oggi inediti vissuti da Ayrton in occasione dei week-end del Gran Premio di San Marino, in pista ma anche fuori.

Come? Parlando in tono confidenziale con personalità prestigiose, lasciando sgorgare storie mai udite e affascinanti. E così l'idea che tutti noi avevamo di Ayrton a Imola s'arricchisce ulteriormente di frammenti inattesi e preziosi che s'aggiungono al commosso e rispettoso ricordo.

Tanto che questo volume potrebbe inaugurare un format da seguire per raccontare quanto e come altri campioni amatissimi su questa pista possano e sappiano raccontare infinite storie, all'interno di una Storia comune e gloriosa.

Buona lettura.

Pietro Benvenuti
Direttore dell'Autodromo internazionale Enzo e Dino Ferrari di Imola

Since December 2011, I have been particularly proud to be the CEO of the Autodromo Internazionale di Imola. A circuit with over half a century of rich history on four wheels and two and which is currently looking to the future with renewed confidence as it seeks to realise its vast potential.

This operation is to be undertaken by turning our attention in primis to the history of the circuit, an underlying foundation of protagonists, events and moments that have seen Imola as a theatre of unforgettable episodes, above all those involving Formula 1 and its great drivers, which should be remembered and passed on.

The name of Ayrton Senna and that of the track dedicated to Enzo and Dino Ferrari remain inseparably bound together from start to finish of the great Brazilian's stunning career during which he provided matchless examples of sport and courage during a period lasting precisely ten years: from the debut that never was in 1984, through to 1994, an appearance marked by a tragic destiny that took him away at the Tamburello corner when he was leading the San Marino GP.

Hence our eagerness to act as promoters of a book that narrates in such an original way this special relationship, focussing on the complex and fascinating human story of the Brazilian champion. This story was made all the more glorious over the course of his ten years of Grands Prix at Imola by the challenges posed by the track and his rivals and also and above all by the unique atmosphere, the characters and the immense passion Ayrton found here in greater abundance than anywhere else.

The result is the book you have before you. The author Mario Donnini has chosen an original approach – one different to all the other previous books to have spoken about Senna or Imola – bringing together the two subjects and privileging previously unpublished on and off track anecdotes, stories and moments from Ayrton's private life relating to the San Marino GP weekends.

How? By speaking confidentially with leading figures, allowing fascinating new stories to pour forth. And so the idea we all had of Ayrton at Imola is further enriched with unexpected, precious fragments that extend our emotional and respectful memories.

Hopefully this book will inaugurate a format to be followed in the presentation of other beloved champions and their relationships with this track within the context of a shared and glorious history.

Enjoy your reading.

Pietro Benvenuti
Director of the Autodromo internazionale Enzo e Dino Ferrari di Imola

BOSS
MEN'S FASHION
Marlboro
NACIO
BOSS
MEN'S FASHION
Marlboro

Il Dottor Costa

Quando il giornalista Mario Donnini mi ha chiesto di scrivere la prefazione del libro che avrebbe realizzato per narrare la storia di Ayrton Senna a Imola, mi sono emozionato e commosso per molteplici motivi.
Primo fra tutti: esprimere pensieri e sentimenti su uno dei più grandi, affascinanti, fenomenali campioni della storia dell'automobilismo. Un prodigio intriso di misticismo, un portento che sapeva che la divinità abita nel cuore di tutti i mortali e proprio per questa epifania il Paradiso si deve, dapprima, conquistare qui in terra: nell'ebbrezza dell'eccesso e nell'entusiasmo delle sfide. Un fenomeno, Senna, perché semplicemente era ed è un fenomeno.
Secondo motivo, altrettanto emozionante e fonte di commozione, la possibilità di confessare, nelle righe di un libro importante, di essere stato il medico segreto di questo indimenticabile campione.
In verità Ayrton volle che fossi suo medico e consigliere a patto di mantenere nascosta questa inattesa, inaspettata, singolare alleanza. Pur tentato di disubbidire alla promessa, mantenni il segreto.
Dopo il suo incidente fatale qualcuno a lui molto vicino rivelò questa nostra complicità e per questo fui premiato come l'amico fedele di Ayrton.
Questo riconoscimento mi emozionò a quel tempo, e mi emoziona tuttora, perché suscita sempre in me un sentimento speciale, dove la gioia si sposa con una profonda malinconia. Questo sentimento è qui con me, ancora adesso, e mi accompagna fedele nella scrittura di questa tormentata prefazione, e non mi lascia mai. Odora di fiori d'arancio, il profumo che inebriava Ayrton. Ed è proprio avvolto da questa fragranza che scrivo di lui, del mio campione a cui sono stato fedele forse di più di tanti piloti che ho senza limiti amato. Ayrton Senna.
Primo maggio, giorno della rivelazione. Migliaia di anni fa non si scriveva, solo con la parola si tramandava e in tal maniera si ricordavano le cose. Tutto era memoria, memoria che fortificava l'imprese cantate e chiarivano come le gesta si trasformavano in leggenda.
Oggi, per ricordare, si scrive per cui scrivo, volentieri, di un pilota indimenticabile: Ayrton Senna. Un portento che il cielo, in un attimo di generosità infinita, ci ha voluto recapitare. Un prodigio, un corridore magico, formidabile nella sua fragilità tutta umana, più che umana. Una leggenda da ricordare con le lacrime confuse tra

When journalist Mario Donnini asked me to write the preface for this book which tells the story of Ayrton Senna at Imola, I became emotional and moved for a multiplicity of reasons.
First of all, to be able to express thoughts and sentiments concerning one of the greatest, most fascinating and phenomenal champions in the history of motor racing. A prodigy who was drenched in mysticism, a portent who knew that divinity lives in the hearts of all mortals, and precisely for that reason embodied the paradise one must first conquer here on earth: in the intoxication of excess and the enthusiasm of the challenge. Senna was a phenomenon because he simply was a phenomenon.
Second reason. Equally emotive and so moving is the chance of confessing having been the secret doctor of this unforgettable champion in an important book such as this. Truth be told, Ayrton wanted me to be his doctor and advisor provided I kept this unforeseen, unexpected, singular alliance hidden. While I was tempted to break this promise, I did keep our secret.
After his fatal accident, someone very close to him revealed our pact and, for that reason, I became acknowledged as Ayrton's loyal friend.
That recognition moved me at the time and does so even now, because it always brings up in me a special feeling in which joy combines with profound melancholy. This feeling is here with me even now, and it will be my loyal travelling companion in writing this tormented preface: it will never leave me. Like the perfume of orange blossom, which intoxicated Ayrton. And it is swathed in this fragrance that I write about him, about my champion to whom I have been loyal, perhaps more than to many other drivers that I have admired without limit: to Ayrton Senna
The 1st of May, the day of revelation. Thousands of years ago they didn't write with words alone, they handed them down and in that way they remembered things. Everything was done by memory that fortified the deeds about which they sang and they were classified, like a person's exploits, which were transformed into legend. To recall today, one writes – and that's why I write willingly about an unforgettable racing driver: Ayrton Senna. A prodigy who, in an act of infinite generosity, was delivered to us.

le ciglia. Un pianto inesauribile, incapace di arrestarsi a causa del ricordo triste di quello che è capitato un giorno che sembra lontano, ma che è adesso. Una tragedia che voglio esaltare, una storia che ho l'onore di introdurre e a voi tutti, assaliti, trasaliti e affannati dal dolore del ricordo di questo Campionissimo, Magico pilota, confesserò il vero o quello che è simile al vero di quella breve, ma eterna sua vita. E via via che la narrazione si svolgerà cercherò di mettervi di fronte alla solennità che pervade l'anima invincibile di un eroe che si sacrifica per andare oltre, oltrepassare il sogno stesso.

Esiste una foto di Ayrton Senna, unica tra le tante, toccante, viva per l'emozione che trasmette, dove si ritrae il pilota che con le mani giunte, seduto sulla sua monoposto di F1, sembra pregare quel Dio tante volte invocato durante le sue eroiche, impossibili imprese. Un Dio a lui, in un primo tempo, sconosciuto, straniero ai suoi primi pensieri, ma che poi si è rivelato alla sua anima, assetata di trascendenza, in tutta la sua potenza e misericordia, quando lo ha aiutato a tagliare vittorioso il traguardo del Gran Premio del Brasile del 1991.

Quel giorno la felicità di un'imminente vittoria si stava trasformando in una tristezza infinita, quando la sua vettura si guastò, con il cambio bloccato, senza scampo, in sesta marcia. Le spalle e le braccia, esauste per l'immane fatica causata da una guida impossibile, si stavano arrendendo all'immane sforzo, quando l'incontro mistico tra il pilota e la divinità, che da sempre abitava nei sotterranei del suo cuore, lo portò all'esaltazione del sacrificio e alla solennità dell'impresa. Un grido di dolore, frammisto a una gioia sconfinata e un urlo soprannaturale, accompagnarono macchina e pilota, vittoriosi sul traguardo, salutati dalla bandiera a scacchi che, sventolando, sembrava inchinarsi a così tanta grandezza.

Questo aspetto trascendente del pilota brasiliano è stato riconosciuto da tutti i giornalisti, specializzati e non, da scrittori e tifosi, ma forse esisteva qualcosa di più profondo, meno conosciuto, nell'anima di uno dei più grandi campioni della storia dello sport dell'automobilismo, un lato umano commovente, fragile, che consacrava il suo essere al mondo. Alla vigilia di quel fatidico 1 maggio 1994 in cui il Fato avrebbe, senza scampo, deciso il destino del pilota brasiliano, Ayrton aveva comprato per poche lire, in una delle tante bancarelle del circuito di Imola, una bandiera, la bandiera austriaca. Dapprima l'aveva stretta al petto poi, dopo averla arrotolata, l'aveva deposta sotto il seggiolino della sua monoposto. La bandiera di grezza tela sarebbe rimasta sotto quel sedile fino alla fine della gara che si sarebbe svolta l'indomani, per poi, in quel momento di gloria, sventolarla come quella di un casellante di una qualsiasi stazione, anche se temeva che il treno non sarebbe passato mai.

Questo drappo bianco-rosso, agitato con commozione, avrebbe dovuto dimostrare tutto l'amore di Ayrton per Roland Ratzenberger, il pilota che aveva visto morto dopo le prove di quel drammatico Gran Premio di Imola.

Ayrton con questo gesto d'affetto e umana commozione avrebbe dimostrato al Divino che proprio nell'effimero della vita dei mortali c'è ben di più di un Paradiso

A prodigy, a magical racing driver who was formidable in his all-human fragility, more than human in fact. A legend to remember with confused tears in one's eyelashes. An inexhaustible sadness that never stops due to the sorrowful memories of what happened on a day that seems a long way back, but which is now. A tragedy that I want to exalt, a story that I have the honour of introducing and all of you, intense with the pain of remembering this great champion, Magic. I will confess the truth, or that which is similar to the truth, about his brief but eternal life. And as the narrative unfolds, I will try to put before you the solemnity that pervaded the invincible soul of a hero who sacrificed himself to go beyond, to overtake the dream itself.

There is a photograph of Ayrton Senna which is unique among many, touching, alive due to the emotions it transmits, showing the driver with his hands clasped together, sitting in his F1 single-seater, seeming to pray to that God to whom he referred so many times during his heroic, impossible deeds. A God who was initially unknown to him, foreign to his first thoughts but who was later revealed to his soul, eager, transcendent in all his power and mercy when he had helped Senna to win the Grand Prix of Brazil in 1991.

That day, the happiness of an imminent victory transformed into an infinite sadness when his car's gearbox broke and blocked itself inescapably in sixth gear. His shoulders and arms, exhausted by the immense strain of an impossible drive, were giving up in the face of that inhuman effort, when the mystical meeting happened between the driver and divinity, which had always lived in the depths of his heart. It took him to the exaltation of sacrifice and the solemnity of his undertaking. A scream of pain mixed with unfettered joy and a supernatural shout accompanied the car and its driver towards their win, saluted by the chequered flag, which seemed to bow as it was waved in recognition of such greatness.

This transcendent aspect of the Brazilian driver was recognised by all journalists, whether specialised in F1 or not, by writers and by his fans. But perhaps there was something more profound, less well known in the soul of one of the greatest champions in the history of motor sport. A side of him that was movingly human, fragile, that consecrated his being to the world.

On the eve of that doomed 1 May 1994 in which fate had irrevocably decided Ayrton's destiny, he had bought an Austrian flag from one of the stalls at Imola. First, he held it close to his chest and then, after he had rolled it up, he put it under the seat of his Williams. The flag would remain under his seat until the end of the following day's race, when he would have flown it if he had won the event like a signalman at a railway station, even if he feared that train would never pass.

That red and white flying standard was to have shown Ayrton's affection for Austrian Roland Ratzenberger, the driver he saw dead after practice for that dramatic Grand Prix of Imola.

Perduto. Mistico insegnamento. Ma Senna ci ha dato qualcosa di più: ci ha insegnato come si può trovare la felicità persino nella morte.
Infatti, nell'inquieta notte prima del giorno fatidico in cui Ayrton, alla curva del Tamburello, avrebbe concluso la gara più importante, abbandonando la vita terrena, avvenne questo miracolo: provare gioia in un destino fatale.
Il buio della sera, in quella tormentata vigilia, era arrivato in fretta. I fantasmi più numerosi del solito affollarono la sua inquieta mente. La solita cena, frasi di rito con gli astanti graditi, il ricordo della bandiera bianco-rossa da sventolare l'indomani promettevano futuro.
Struggente vigilia: telefonate concitate alle persone care, colloqui tormentati. Uno strenuo tentativo al fine umano di distogliere lo sguardo da ciò che non si voleva prevedere e tantomeno accettare. Ma, nel travagliato sonno di quella notte, il destino si presentò in tutta la sua brutale inesorabilità, e bussò, impietoso, alla porta della mente del Campione brasiliano e gli svelò tutta la sua cruda realtà: il segreto della morte si nasconde nel cuore della vita. Senna sapeva che l'indomani sarebbe morto. Terribile umana premonizione, terribile e inesorabile perché doveva essere rispettata a tutti i costi. Infatti Ayrton avrebbe potuto trovare un pretesto per non partecipare a quella diabolica gara, e si sarebbe salvato. Ma lui era come la ginestra, voleva sfidare la lava incandescente del vulcano distruttore, piuttosto che, ricoperto di cellophane, nascondersi in un vaso dimenticato in cantina. Il miracolo di Ayrton: considerare la morte come possibilità, tra le tante che la vita offre; trovare la felicità nell'ultimo rischio fatale.
Come Marco Simoncelli, il ragazzo di cui curavo la mente e il corpo, un ragazzo guerriero che ha eletto il manubrio della moto come simbolo di vittoria. E così, aggrappato a quella manopola, ha tagliato la pista per incontrare la stessa rivale di Ayrton: la Morte. Entrambi questi umani eroi hanno detto a quella inquietante Signora vestita di nero: «Cara sorella questa volta abbiamo vinto noi, perché nel cercare la felicità, anche e perfino in Te, siamo diventati pane impastato dalle mani degli dei e ciò che il Dio tocca non lo puoi rapire. Neanche le briciole puoi toccare, perché quelle le offriremo al cuore di tutti i mortali che ci amano, dove vivremo per sempre, immortali nella gloria per questa fulgida vittoria».
Così, come nelle tragedie che diventano fiabe, la morte di questi indimenticabili uomini è confluita nella vita quotidiana di tutti noi.
Uomini così fatti sono la linfa che alimenta il tessuto intimo che racchiude il sentimento della speranza di sopravvivere alle avversità. Sono i più alti sacerdoti, custodi del tempio della più divina umanità, perché continueranno ad essere una fiamma che arde, viva, e una forza che sorregge, instancabile, il significato di tutti noi. Per sempre.

Grazie Ayrton, grazie Marco.

Claudio Costa

With this gesture of affection and humanity, Senna would have shown to God that, in the transient life of the dead, there is more than Paradise Lost. A mystical teaching. But the Brazilian had given us something more: he taught us how one can find happiness even in death.
In fact, in the restless night before the grand prix, in which Ayrton would have concluded his most important race at the Tamburello corner, abandoning his earthly life, a miracle happened: it was to experience the joy in fatal destiny.
The darkness of the night, in those tormented hours before, arrived fast. More spirits than usual crowded into his turbulent mind. The usual dinner, ritual conversation with the agreeable onlookers, the memory of the white and red flag to fly tomorrow all promised a future.
A heart-rending night before: telephone calls to the people he loved, tormented conversations. A strenuous, eventual human attempt to divert a glance at what wasn't to be foreseen and even less to be accepted. But in his restless sleep that night, destiny presented itself in all its inexorable brutality and knocked piteously on the door of the Brazilian champion's mind and revealed all of its harsh reality. The secret of death hid itself in the heart of life. Senna knew that he would die the following day. A terrible human premonition, because it had to be respected at all costs. In fact, Ayrton could have found a reasson not to compete in that diabolical race and he could have saved himself. But he was like the broom flowers that challenge the incandescent lava of a destructive volcano rather than hide. The miracle of Ayrton: consider death as a possibility among the many others that life offers; find happiness in that final, fatal risk.
Like motorcycle racer Marco Simoncelli, the kid whose mind and body were those of, a warrior who elected to make the handlebars of a motorcycle a symbol of victory. Gripping those handlebars was how he flashed along the race track and met the same rival as Ayrton: Death. Both of those human heroes said to that disturbing Lady in black, "Dear sister, this time we have won, because in looking for happiness, even in You, we have become kneaded bread in the hands of the gods and what God touches you can't steal. You may not even touch the crumbs, because it is them that we offer the hearts of all mortals who love us, where we shall live forever, immortal in the glory for this shining victory".
In that way, as in the tragedies that would become fables, the deaths of these unforgettable men are merged into the daily life of us all.
Men like that are the very lifeblood that feeds the intimate fabric that holds within sentiment and hope of survival in adversity. They are the high priests, custodians of the temple of the most divine humanity, because they continue to be a flame that burns alive and with a power that untiringly lifts the significance of all of us. Forever.

Thank you Ayrton, thank you Marco.

Claudio Costa

Due miti insieme, più un terzo a sorpresa
Two legends together, plus another surprise one

Se questo libro fosse un film, la fatica maggiore sarebbe stata fatta per comporre il cartellone, perché il suo è un cast del tutto eccezionale. Da vero kolossal.
A partire dal protagonista assoluto, dalla location prescelta e dalla trama annunciata nei trailer: Ayrton Senna, il circuito di Imola e le sue undici, storiche quanto indimenticabili partecipazioni al Gran Premio di San Marino. Ciascuna così diversa e significativa.
Il 2014 è stato l'anno del ventennale della scomparsa di Senna. Un giubileo laico, celebrato in tutto il mondo dagli appassionati di corse e dai tifosi di Ayrton, con epicentro il giorno 1 maggio a Imola, alla curva del Tamburello. Laddove un pubblico invidiato per quantità e qualità dagli organizzatori di qualsiasi gran premio odierno orientale o arabico, ha portato il suo commosso saluto al campionissimo brasiliano, in compagnia di tanti piloti che l'avevano sfidato in pista e apprezzato nella vita di tutti i giorni.
Da qui l'idea di cristallizzare quell'emozione infinita, di fare lo zoom su quei ricordi tutti senniani e allo stesso tempo imolesi, creando un volume che potesse regalare momenti inediti di vita del campione, affidati al ricordo di un gruppo selezionatissimo di persone che Senna l'hanno conosciuto e vissuto davvero. Non solo in pubblico, ma soprattutto nel privato.
Piloti, team manager, giornalisti autorevoli e vignettisti amati, uno per ogni presenza di "Beco" a Imola, con la overture del dottor Claudio Costa – figlio di Checco, artefice del tracciato, e fratello di Carlo, speaker dei giorni eroici –, tutti uniti dalla possibilità di regalare per una volta ancora, in tono puramente confidenziale, qualcosa d'inedito e prezioso, in grado di aggiungere tessere inattese. A comporre il grandioso e complesso mosaico che raffigura, luccicando inquieto, la personalità di Ayrton Senna Da Silva.
D'altro canto il 2015, per chi continua ad amare Ayrton e tutto ciò che ancora oggi egli rappresenta, si pone in modo diverso ma per certi versi non meno intenso.
Perché ricorre il trentennale gioioso e sorridente di eventi che contribuirono ad edificare in funzione fondante la cattedrale della leggenda di Senna.
Nel 1985 infatti, domenica 21 aprile, il 25enne paulista, in un pomeriggio di diluvio al volante della Lotus 97T-Renault, sul tracciato di Estoril, in Portogallo, vince per la prima volta un gran premio di F1.
Giusto due settimane dopo, proprio a Imola, "Beco" prende parte, e anche questa è un'esperienza inaugurale, alla sua prima gara automobilistica in suolo italiano, seppur intitolata Gran Premio di San Marino, dopo che da noi s'era formato e aveva spopolato guidando kart Dap.
In quel week-end Ayrton fa anche segnare con la Lotus la prima pole imolese della sua lunga e impressionante striscia di partenze al palo in riva al Santerno. Perché quella inopinata e incolpevole mancata qualificazione del 1984, con la modesta Toleman, sarebbe

If this book were a film, the greatest effort would have been made to design the posters, because it has an absolutely exceptional cast. A real colossus.
Beginning with the star, the carefully chosen location and the intrigue blared out by the trailer. Ayrton Senna and the Imola Circuit: and his 11 historic and unforgettable appearances in the Grand Prix of San Marino. Each one so different and significant. The year 2014 was the 20th anniversary of Senna's death. A secular jubilee, celebrated throughout the world by motor racing enthusiasts and his fans, with the epicenter the 1st of May at Imola's Tamburello corner. There where a public envied by its organisers at any grand prix for its quantity and quality, Oriental or Arabic, today carried their emotional salute to the great Brazilian champion, together with many racing drivers who had challenged him on the track and liked him in everyday life.
From this came the idea to chrystallise those infinite emotions, to zoom in on all those Senna records and, at the same time, those of Imola, creating a book that could bring back remarkable moments in the champion's life, entrusted to the memories of a group of carefully selected people who Senna really knew and enjoyed. Not only publicly but, above all, privately.
Racing drivers, team managers, authoritative journalists and much loved cartoonists, one for each of Beco – as Ayrton was known by his intimates – at Imola with the overture by Dr. Claudio Costa – son of Checco, artifice of the circuit and the brother of Carlo, raconteurs of erotic days – all united by the chance to give once more a purely confidential tone, something new and precious, able to add the unexpected. To compose this grandiose and complex mosaic that portrays the personality of Ayrton Senna Da Silva, burnishing his personality.
On the other hand, those who continue to admire Senna and everything he represents even today, present themselves in a different way in 2015, but for certain reasons no less intense.
Because it is to draw again the 30 joyous and smiling years of events that will contribute to edifying and founding the cathedral of the Senna legend.
On Sunday 21 April 1985, for instance, the 25 year old from San Paolo won an F1 grand prix for the first time in an afternoon of pouring rain driving a Lotus 97T-Renault at the Estoril circuit in Portugal.
Just two weeks later at Imola, Beco competed in his first race on Italian soil, which was a first experience, even if it was called in the Grand Prix of San Marino, after he developed his skill in a DAP kart, thrilling spectators.
During that weekend Ayrton scored his first Imola pole position in the Lotus in his long and impressive stream of starts from pole on the banks of the Santerno. Because that unexpected and innocent inability to qualify in 1984 with the modest Toleman would later be vindicated by a stream of seven consecutive pole positions

poi stata vendicata da una mitragliata di sette pole position consecutive, alle quali va aggiunta l'ottava complessiva, nell'edizione 1994, quella del destino.
Per assaporare il momento della vittoria a Imola, "Magic", dal 1985, avrebbe dovuto attendere ancora tre anni, finendo quindi per assommare un sonante tris di successi, sempre al volante del binomio McLaren-Honda, nel 1988, 1989 e 1991.
Eppure non sono certo dati e statistiche i soggetti e tanto meno gli oggetti della ricerca, in questo libro.
Perché è un volume che scopre e mostra pura umanità. Custodisce rimembranze, svela aspetti ancora in ombra del Campionissimo, perfino non necessariamente celebrativi ed encomiastici, cercando di raccontare la poesia di cui Ayrton, sull'asfalto e nella vita, era portatore orgoglioso e sano.
Di più. Un altro aspetto contribuisce a rendere affascinante tale cammino di riscoperta e ricerca. Questa è la prima occasione e forse l'unica in cui Ayrton Senna è oggetto di un racconto corale, sincero e disincantato, che proviene nella sua totalità da italiani, considerando che accanto ai nostri dieci story-teller introdotti dal dottor Costa, l'unico straniero a parlare è Johnny Cecotto, ma lui, seppur venezuelano, italianissimo lo è d'origine, di padre friulano, e anche di cultura e sensibilità. E non è un caso, ma una mia scelta precisa e voluta.
Perché fin troppo spesso l'approccio commosso, incandescente e sacrale dei brasiliani e quello razionalistico e puntuale dei narratori anglosassoni rappresentano punti di vista estremi, interessanti e credibili, ma nello stesso tempo mancanti di quella somma d'entrambe le visioni prospettiche delle quali noi italiani, in fondo, possiamo e sappiamo costituire la sintesi felice. Sia analitica che narrativa. E poi c'è imola.
Luogo motoristicamente magico, dalle leggi non scritte ma immutabili. Una delle quali, intrasgredibile, voleva che per tanti anni nell'outlap, al giro d'uscita delle monoposto in pista, in preparazione di prove o gara, la Collina della Passione esplodesse al passaggio di tre soli soggetti, che, per un altro di quei codici immutabili, puntualmente sfrecciando rispondevano salutando la gente, in un tripudio di trombe da stadio e bandiere agitate.
Tutto questo accadeva per le due Ferrari, chiunque avessero a bordo, su un tracciato dedicato a Enzo e Dino, e per un pilota, indipendentemente dalla monoposto che stesse guidando: Ayrton Senna.
Così questo è un libro dedicato non solo a "Magic" e a una delle piste che vide nascere la sua leggenda, ma anche alla Imola laterale, oltre le reti, a quella dei biglietti-prato e delle tribune gremite, fatta il giorno prima di polvere e nicchie scavate in collina, quindi la mattina dopo di rugiada e fango, anche di pioggia, d'attese infinite, preludio a entusiasmi deflagranti.
Un anfiteatro incantato animato da chi, vivendo quel week-end di primavera dalla Tosa alla Rivazza, dava un senso a una passione, avendo sulle labbra e nel cuore, tra le più ricorrenti, due parole che s'amalgamavano fornendo colori e sapori non sperimentabili altrove: Senna & Imola.
Ed è così che questo libro vanta un terzo soggetto, assente nel titolo, perché sottinteso. Ma palpabile in ogni sua riga. Il terzo e ultimo mito, invisibile e sempre presente nel binomio Senna &Imola, quello di cui non ho parlato fino a queste ultime righe, il più immancabile e rutilante, irriducibile per antonomasia, costituisce i contrafforti romantici della pista: il tifoso, l'appassionato vero. Il Cuore da Corsa.
Il terzo mito siete Voi.
Bentornati. E buona lettura.

Mario Donnini

to which should be added the eighth overall in the 1994 season, the year of destiny. But Magic had to wait another three years to savour victory at Imola, ending up scoring a resounding trio of successes at the wheel of his car built by the dynamic duo of McLaren and Honda in 1988, 1989 and 1991.
However, the recital of data and statistics are certainly not the objective of this book and were never the reasons for research.
Because this is a publication that discovers and shows pure humanity. In it's custody it has recollections, reveals aspects of the great champion that, until now, were still shadowy, not even necessarily matters of celebrity or praise, attempting to recite the poetry of which Ayrton was the proud possessor on the asphalt and in life.
There's more. Another aspect contributed to making this journey of rediscovery and research fascinating. This is the first time – and maybe the only one – in which Ayrton is the object of a choral "recital", sincere and disenchanted, which comes in its entirety from Italians, considering that next to our 10 storytellers, introduced by Dr. Costa, the only foreigner to speak his piece is Venezuelan Johnny Cecotto. But Johnny, even if Venezuelan, is Italianissimo of origin, because his father came from the Italian province of Friuli, and that makes him just as much a member of the Bel Paese, with his culture and sensitivity. And selecting him to become involved in this book was no coincidence, it was my precise choice.
Because too often the emotive, incandescent and sacral approach of the Brazilian's points of view and the rational and precise one of an Anglo-Saxon narrator represent extreme, interesting and credible opinions. But at the same time those opinions lack the sum total, the vision and perspectives of which, when you boil it down, we Italians can – and know how to – construct the synthesis of happiness. Both analytically and in narrative.
And then there is Imola.
Motor sportwise, a magical place, one of unwritten and unalterable laws. One of them, which was unviable; for many years he demanded to be able to do the outlap – the lap during which cars leave the track in preparation for practice or a race. The Hill of Passion exploded as three cars passed for another of those unalterable codes, flying by and responding by waving at the crowd in a blaze of trumpets from the stands and flags waving excitedly. All that would happen for the two Ferraris whoever drove them on a track dedicated to Enzo and Dino Ferrari, and for a driver independent of his single-seater: and he was Ayrton Senna.
So this is a not book devoted solely to Ayrton, to Magic, and one of the circuits that saw his legend at birth, but also to the lateral Imola beyond the fences, to those in the ticket fields and the crowded stands, covered in dust the day before, plus niches dug in the hills and the morning after covered with dew or rain and mud, of an infinite wait prelude to burning enthusiasm.
A charmed, animated amphitheatre of those experiencing that spring weekend from the Tosa hairpin to the Rivazza corner, with two words that kept recurring on the lips and in the heart that gave some sense to the passion. Two words that amalgamated, providing colour and flavour that could not be experimented with elsewhere: Senna & Imola.
That is how this book boasts a third subject, not revealed by its title, because it is the underlying meaning. But palpable in each line. The third and last myth, invisible and always present in the two names Senna & Imola. The one of which I have not spoken until these last few lines, the most inevitable and glowing, immovable par excellence constitute the romantic buttress of the track, the fans, real enthusiasts. The heart of racing.
Welcome back. And enjoy your reading.

Mario Donnini

«Io non so dove vanno
le persone quando muoiono,
ma so dove restano».

*«I don't know where people
go when they die, but I do know
where they rest».*

Margaret Mazzantini.

1984

QUELLA QUALIFICA MANCATA

Johnny Cecotto

THAT MISSED QUALIFYING SESSION

Nel 1984 il primo gran premio di Senna a Imola con la modesta Toleman è un non gran premio. Una drammatica e paradossale non qualificazione. Sarebbe il quarto appuntamento per lui, in F1. Al secondo, da rookie a Kyalami, in Sudafrica, è già andato a punti, giungendo sesto e confermandosi debuttante sensazionale. Tutto sta procedendo bene, eppure il destino lo attende sulle rive del Santerno, per affibbiargli la più cocente umiliazione della sua carriera da professionista.
Questi i fatti. La Toleman, la sua squadra, ha quasi pronta la nuovissima Tg 184, monoposto studiata per le gomme Michelin. Il problema è che il team, fin dal 1981, è fedelissimo alla Pirelli, quindi il matrimonio va rotto in fretta. Magari con tanto di crisi dura, a partire da Imola. Tanto che il venerdì, quando il gruppone comincia le qualificazioni, le vecchie Tg 183B restano ai box, sui cerchi, prive degli pneumatici. Un disastro.
Il sabato si trova un accordo, la Pirelli dà le gomme e Senna – col suo compagno di squadra Cecotto – inanella qualche giro senza convinzione, mentre il motore Hart turbo di Ayrton accusa guai all'alimentazione. Il risultato è devastante: Cecotto riesce a entrare in griglia di partenza, Senna è fuori, non qualificato, a oltre tredici secondi al giro dalla pole. Incredulo, offeso, distrutto.
Trentuno anni dopo a farci rivivere quel momento è Johnny Cecotto, classe 1956, venezuelano di padre friulano, iridato in moto e poi valido pilota in F2, F1, Turismo e Gt.

In 1984, Senna's first grand prix at Imola in the modest Toleman wasn't a grand prix. It was a dramatic and paradoxical non-qualification. It was his fourth F1 GP. At the second as a rookie at Kyalami in South Africa, he had already scored a point by coming sixth and confirming that his was a sensational debut. Everything was going well at Imola, when destiny stepped in on the banks of the Santerno to cause him the most terrible humiliation of his professional career.
These are the facts: his new Toleman Tg 184 was nearly ready and was a car developed to take Michelin tyres. The problem was that since 1981 the team had raced on Pirelli, so the marriage between Toleman and the Italian company was immediately dissolved. Maybe with a serious crisis, starting at Imola. But when qualifying began on the Friday, the old Tg 183Bs stayed in the pits on their rims without tyres. A disaster. The team reached an agreement with Pirelli on the Saturday; Pirelli would provide the tyres and Senna – with his teammate Johnny Cecotto – did a few unconvincing laps, while Ayrton's car's Hart turbo engine had fuel feed problems.
The result was devastating. Cecotto was able to put himself on the starting grid, but Senna was out of the race not having qualified at over 13 seconds a lap behind the pole sitter. Incredulous, offended, destroyed: 31 years later, Johnny Cecotto, 58, the world champion motorcycle racer, talented GT, F2 and F1 driver from Venezuela and born of an Italian father, enables us to relive that moment.

«Il sabato pomeriggio, alla fine delle qualificazioni, Ayrton aveva il volto dell'uomo più deluso che io abbia mai visto in vita mia, racconta Johnny. Ero qualificato e lui no, tra l'altro senza colpe. Tuttavia non mi disse nulla, perché già da tempo i rapporti tra noi non erano più buoni come all'inizio».

Cosa era successo, Johnny?

«Niente. Nulla di grave».

Eppure, spiegando a fondo questo contesto, si potrebbe avere una chiave preziosa per capire Senna e non solo il suo primo approccio a Imola...

«Arrivai in Toleman che lui aveva già firmato – spiega Johnny – e, benché debuttante, era trattato da primo pilota, col diritto prioritario a svolgere test, a usare la macchina di riserva e a utilizzare le soluzioni più evolute in gara mentre io, per esempio, dovevo correre ancora con l'iniezione meccanica e lui aveva l'elettronica. Normale, logico così. All'inizio i nostri rapporti erano buonissimi, lui era simpatico, caldo, un compagno ideale, poi, un brutto giorno le cose cambiarono tra noi».

Quando si verificò il punto di rottura?

«A inizio primavera 1984 finalmente potei svolgere il mio primo test sulla Tg 183B, a Donington, in Inghilterra. Prima mi ero limitato solo a correrci, nei week-end del gran premio. In quella sessione privata avevamo una sola macchina a disposizione, quindi giravamo ad armi pari. Ebbene, quel giorno, fui più veloce di lui e Ayrton da quel momento cambiò. Divenne non dico scostante, ma molto freddo con me. Il nostro rapporto era praticamente finito. Credo che in qualche modo si sentisse ferito da ciò che era successo in quel test, magari non sopportava l'idea che qualcuno, anche se solo per una sessione, potesse rivelarsi ad armi pari più

Tutti lo cercano, tutti lo vogliono ma alla fine la prima stagione del giovane brasiliano in F1 è targata Toleman che per le prime gare può mettere a disposizione solo la "vecchia" Tg 183B. Ayrton, a destra, ha modo di provarla già negli ultimi mesi del 1983 facendo segnare, da subito, tempi da urlo.
Sopra, Senna è invece già al volante della nuova Tg 184.

He was highly sought after and everyone wanted him, but in the end of the young Brazilian's first season in F1 was with Toleman who for the first race could only offer him the "old" Tg 183B. Ayrton, right, had been able to test the car in late '83, immediately recording stunning times.
Above, Senna is instead at the wheel of the new Tg 184.

1984

"At the end of qualifying on the Saturday afternoon, Ayrton had the face of the most disappointed man I have ever seen in my life", said Cecotto. "I qualified but he didn't, but it wasn't his fault. Anyway, he said nothing to me, because things weren't so good between us as in the beginning, and hadn't been for some time".

What happened, Johnny?

"Nothing, well, nothing serious".

But explaining this situation in full we could have the key to understanding Senna and not just his first approach to Imola...

"I joined Toleman, for whom he had just signed", Johnny explained, "and even though he was a debutante he was treated as the number one driver, with the right to carry out testing, to use the reserve car and have the latest technical advances on his car while I, for example, had to race with mechanical fuel injection and him with electronic. Normally, that's logical. At the beginning, our relations were really good; he was pleasant, warm, an ideal teammate. Then, one disagreeable day, things changed between us".

When did the break-up happen?

"At the start of spring 1984, I was finally able to carry out my first test on the Tg 183B at Donington, England. Before that, I was limited to only racing the car during grand prix weekends. In that private session at Donington, we only had one car available, so we lapped on equal terms. Well, that day I was faster than him and from that moment Ayrton changed. I wouldn't say he became standoffish, but he was very cold with me. Our relations were practically finished. I believe that he felt injured in some way by what had happened in that test. Perhaps he couldn't stand the idea that someone could be faster than him on equal terms, even if it was just a test session.

JEANS
Pool
NERJ
Jeans Pool
Pool

veloce di lui. Ecco, è difficile spiegare fino in fondo cosa può passare per la testa di un ragazzo determinato e volitivo quale lui era. La sua reazione comunque fu netta. Era come fosse impazzito dal fastidio, anche se impazzito non è il termine giusto, perché lui si manteneva sempre lucido. Ecco, si mostrò terribilmente offeso. È per questo che quel pomeriggio così triste per lui, a Imola, potei capire il suo stato d'animo solo osservandolo fugacemente ai box, perché ormai tra Senna e Cecotto c'erano solo saluti frettolosi. E le cose non cambiarono neppure quando, poco dopo, a Montecarlo, con la nuova Toleman Tg 184 e gomme Michelin, sotto la pioggia, sfiorò la vittoria insidiando Prost e dimostrando a 24 anni di essere un grande campione. Semplicemente tra noi proseguiva il clima freddo del dopo Donington, che non sarebbe mai più cambiato».

Imola a parte, l'annata 1984 di Johnny Cecotto fu terribile, con l'incidente in prova a Brands Hatch, le conseguenti fratture alle gambe e, di fatto, la fine della carriera nei gran premi.

«Sì, sono ricordi tristi, chiosa il venezuelano. Per me la nuova macchina arrivò solo in estate, con cinque gare di ritardo e fu terminata all'alba delle prove libere del venerdì mattina, a Brands Hatch, appunto. Parto, l'outlap lo percorro piano e al secondo giro, quando comincio a spingere, la monoposto piega per la tangente e va a sbattere in modo terrificante. Collasso di una sospensione, scocca disintegrata e le mie gambe sono in pezzi. Mi portano in ospedale e da lì sono fuori per sempre dalla F1. Mi vengono a trovare in tanti, quasi tutti, ma Ayrton no. Neanche un biglietto, che so, un telegramma. E io Senna da quel giorno non l'ho mai più rivisto».

Al di là degli aspetti personali, come descriveresti il paulista dal punto di vista agonistico, in questa sua annata d'approccio?

Anyway, it's difficult to explain completely what could have gone through the mind of a lad as determined and strong willed as him. But his reaction was total. It was like he was really annoyed; that's not the right word though, because he was always bright and sharp. He showed he was terribly offended. That was the reason why that afternoon at Imola was so sad for him; I could understand his state of mind just by glancing quickly at him in the pits, because by that time there were only hurried greetings between Senna and I. And things didn't even change soon afterwards, when he came close to winning at Monaco in heavy rain driving the Tg 184 on Michelin tyres by snapping at Prost's heels and showing that, at 24 years old, he was a great champion. The post Donington climate between us just continued and it would never change".

Imola apart, your 1984 was terrible, with the practice accident at Brand Hatch, the consequent leg fractures and more or less the end of your grand prix career.

"Yes, they are sad memories", the Venezuelan said. "I didn't get the new car until the summer and that was five races late. My career was ended at the start of free practice on the Friday morning at Brands. I started the outlap slowly and on the second lap, when I began to push, the car swerved towards the escape road and crashed terrifyingly. Part of the suspension broke, the monocoque disintegrated and my legs were in bits. They took me to hospital and from that moment on I was out of Formula 1. Many people visited me there, almost everyone except Ayrton. Not even a note or card, a telegram. From that day on, I never saw Senna again".

Apart from the personal aspect, how would you describe Ayrton from the competitive point of view? In that rookie year?

"You could see he went fast. Racing was his life and he was a real tough competitor to have as a teammate. He

Il compagno di squadra di Ayrton è Johnny Cecotto che, a destra, sta scrutando con il brasiliano alcuni dati ma la strada si rivela subito in salita nonostante Senna ottenga il suo primo punto iridato già alla seconda gara in Sudafrica. Non resta, per ora, che consolarsi sognando...la Ferrari, ai box e in strada.

Ayrton's teammate was Johnny Cecotto who, here on the right, is studying data with the Brazilian; it soon proved to be an uphill struggle, even though Ayrton scored his first championship point in the second race in South Africa. All he could do for now was to console himself dreaming about the Ferrari, in the pits and on the road.

MICHELIN

Segafredo
ZANETTI

SERGIO
TACCHINI
19
Agip
Segafredo
ZANETTI
MAGIRUS
CHAMPION

«Si capiva che andava forte. Le corse erano la sua vita, era un gran brutto cliente, ad averlo come compagno di squadra. E dava l'impressione di tenere giù il piede sempre, d'essere spericolato al cento per cento. Con me, a parte il cronometro, c'era una differenza di filosofia. Io ero uno che voleva e amava vincere, ma sportivamente, in modo naturale. Lui invece possedeva un'aggressività, una sete d'affermazione totale, che lo portava a non mollare mai. E non è certo una critica al campionissimo brasiliano, ma solo una constatazione. E forse rappresenta la spiegazione di una delle componenti delle sue capacità che poi lo portarono ad affermarsi senza problemi. Perché quel brutto pomeriggio di Imola con la mancata qualificazione, per lui, in un'ottica generale, divenne ben presto una motivazione in più, un pungolo per risollevarsi in fretta e dimostrare a tutti quanto valeva davvero. Almeno in F1, da quel giorno, le nostre parabole ebbero andamenti opposti. Io venivo da una buona stagione iniziale nei gran premi con la Theodore, nel 1983, con la quale ero andato anche a punti. In quel momento avevo 28 anni ed ero considerato un pilota in ascesa, tanto che al paddock avevo avuto approcci da Brabham, Williams e addirittura Ferrari, nonché dalla McLaren. Ayrton sapeva che, dimostrando di poter essere più competitivo di me, le sue quotazioni sarebbero lievitate in fretta e così andò. Ecco, questa è la verità. Anche la cordialità improvvisamente interrotta, che si trasforma in svogliati ciao-ciao ai box, senza alcun sorriso, rientra all'interno dell'attitudine ultra-competitiva del personaggio Senna, è una parte del suo carattere che spiega perfettamente quanto poté soffrire quella mancata qualificazione al Gran Premio di Imola 1984. Ma nello stesso tempo consente di capire quanto fosse deciso e focalizzato a diventare il grandissimo e indimenticabile campione che ha poi dimostrato di essere».

Per Ayrton il vero debutto a Imola è piuttosto amaro: per la prima ed unica volta nella sua carriera in F1 manca la qualificazione, complice la "guerra" in atto fra il team e la Pirelli, fornitrice degli pneumatici. Il riscatto è però... alle porte.

For Ayrton, his true debut at Imola was a rather bitter experience: for the first and only time in his F1 career he failed to qualify, in part due to the on-going "war" between his team and Pirelli, the tyre supplier. Redemption, however, was just around the corner...

1984

---

gave the impression of always keeping his foot down and being a 100% daredevil. Apart from the stop watch, with me there was a difference in philosophy: I was one of those people who wanted to win and loved doing it, but sportingly, in a natural way. However, he had an aggressiveness, a thirst for total affirmation that meant he never ever gave up. And that certainly isn't a criticism of the great Brazilian champion, just an observation. Yet perhaps it is an explanation of a certain component of his ability, which later led him to winning without a problem. Because that awful afternoon at Imola, when he didn't qualify, soon became further motivation, a goad to come back fast and show everyone that he really was good. From that day on – at least in Formula 1 – our individual progress was different, one from the other. I had come from a good initial season in grand prix motor racing in 1983 with Theodore, with which I even scored points. At the time, I was 28 and I was considered an upcoming driver, so much so that I was approached in the paddock by Brabham, Williams and even Ferrari, as well as McLaren. Ayrton knew that, showing he was more competitive than me, that his stock would shoot up fast and so it did. And that's the truth. Even occasional cordiality came to an end and was transformed into a hurried "Hi" in the pits without so much as a smile was part of Senna's ultra-competitive attitude, and a part of his character that explains perfectly how much he suffered for not qualifying for the 1984 Grand Prix of Imola. But, at the same time, it enabled me to understand just how decisive and focused he was to become one of the great and unforgettable champions, which he later showed he was".

PAINTED BY SID
SERGIO
TACCHINI

Il 1985 è l'anno della svolta. Il primo con la stordente Lotus 97T-Renault nera e oro, bella, velocissima e fragile. Bastano le due corse d'apertura per dimostrare al mondo che a 25 anni d'età Ayrton Senna non è più un promettente rookie, ma uno strepitoso top driver.
In Brasile va forte, ma a fermarlo è l'impianto elettrico. In Portogallo, invece, diluvia e lui, semplicemente, sfonda. Poleman in prova e dominatore in gara.
Si arriva a domenica 5 maggio al Gran Premio di San Marino, su un circuito gremito all'inverosimile, dopo che Ayrton in qualifica il sabato s'è esaltato.
Un'altra pole. La prima di una lunga serie sulle rive del Santerno, vendicando alla grande quella maledetta esclusione del 1984. La gara, però, è un'altra storia. Vige la formula consumo per calmierare le potenze faraoniche del turbo e di fatto la F1 si divide ogni week-end in due competizioni ben distinte. In qualifica imperano potenza e prestazionalità pura, in corsa, al contrario, vince chi sa andare forte amministrando e facendosi bastare il carburante a bordo. Mica facile. Tanto più che quello di Imola è un tracciato micidiale per i consumi e il V6 Renault di Senna risulta cattivissimo in prova quanto assetato in corsa. Questo lo taglia fuori dalla lotta per il titolo, ma per le singole gare, chissà.

1985

LA PRIMA POLE FIRMATA AYRTON

Angelo Parrilla

AYRTON'S FIRST POLE

Al via Ayrton manda in visibilio il pubblico mantenendo il comando sul compagno di squadra De Angelis, braccato dal ferrarista Al-

---

Then turnaround came in 1985. The first with the stunning, black and gold Lotus 97T-Renault, beautiful, fast and fragile. The first two races of the season showed the world that a 25year old Ayrton Senna was no longer a promising rookie, but an outstanding top driver. He went fast in Brazil but he was stopped by the car's electrical system. However, in Portugal in torrential rain he simply went for it and won. He took pole position and just dominated the race.
Then came Sunday 5 May at the Grand Prix of San Marino on a circuit packed with the improbable; but after Ayrton's qualifying lap on the Saturday he was intoxicated.
Another pole. The first of a long line of them near the banks of the Santerno, vindicating big time that damnable exclusion of 1984. But the race was another story. Formula consumption was in operation to subdue the immense power of the turbo engine and, in fact, each weekend Formula 1 was divided into two very different competitions. In qualifying, power and pure performance ruled, however in the race itself it was the opposite; the winner was the driver who could go fast while carefully administering his car's fuel consumption. Not easy. Even less so at Imola, where the track is a consumption killer. Senna's V6 Renault did really badly in practice, when it ran out of fuel on the circuit. His car's Achilles heel cut him out of the battle for the world title, but in individual races, who knew?

RENAULT
elf
NACIONAL

boreto e dall'alfiere della McLaren, Prost. Elio procede di conserva e ben presto viene scavalcato dai due inseguitori, con Alboreto che dopo una ventina di giri inquadra nel mirino il battistrada Senna, incitato da un tifo da stadio. Al 23esimo giro però Michele si ritira per guai all'alternatore, la fuga di Ayrton prosegue e gli occhi di tutti s'incantano per lo show del neoferrarista Johansson, che, a ritmo indiavolato, si lancia dalla retrovie fino alla testa della gara.
Il finale è convulso. A tre giri dalla bandiera a scacchi, Ayrton è fuori senza benzina e Johansson conosce lo stesso destino. Una beffa tremenda.
Vince al ralenty Prost, ma verrà squalificato perché sottopeso, consegnando la vittoria al secondo arrivato De Angelis. Ayrton ne esce furibondo e amareggiato, ma tutti sanno, ovviamente lui per primo, che ormai in F1 è nata una stella. La sua.
Un astro che per sorgere alto, molto deve a Angelo Parrilla, autorità nel mondo del kart e proprietario dell'italianissima Dap.
«Per noi Ayrton ha corso dal 1978 al 1982 – spiega Angelo – e l'ho visto crescere, da bambino diventare uomo. Era uno piuttosto riservato, che parlava poco e amava molto la cucina italiana, spaghetti e tagliatelle in primis, all'amatriciana o alla puttanesca. Ogni week-end di gran premio in Italia, specie a Imola, tornava a casa ingrassato di due o tre chili. In kart era fantastico. Per tre volte gli hanno rubato il titolo mondiale: nel 1978 fu investito, nel 1979 cambiarono il regolamento per fregarlo e nel 1980 fu spinto fuori mentre dominava. Era rimasto il suo cruccio, quel titolo iridato mancato».

At the start, Ayrton enraptured the crowd by leading his teammate Elio De Angelis, hunted by Michele Alboreto and his Ferrari and McLaren's number one, Alain Prost. Elio continued in convoy and was soon overtaken by two cars from behind, while Alboreto set his sights on leader Senna after about 20 laps, spurred on by the spectators' cheers. But on the 23rd lap Michele retired with alternator trouble and Ayrton continued to run away from the rest of the field; the crowd was also captivated by the progress of new Ferrarista Stefan Johansson, who launched himself like an intercontinental ballistic missile from the back of the starting grid to the front of the charging cars.
Then the finale went haywire. Three laps from the end, Ayrton had to retire as he had run out of fuel again and so did Johansson. It was like a bad joke.
A slowing Prost won, but he was disqualified because his car was underweight and that gave De Angelis the victory. Ayrton was furious and bitter, but everyone knew, starting with him, that an F1 star had been born. His star.
A meteor that flew high, much due to Angelo Parrilla, a world authority on karts and owner of the Italian DAP team.
"Ayrton raced for us from 1978 until 1982", Angelo confirmed, "and I watched him grow from a child into a man. He was a rather reserved youngster who spoke little and loved Italian cuisine, spaghetti and tagliatelli in particular, amatriciana and puttanesca. Every Italian grand prix weekend, especially if the race was at Imola, he went home with two or three kilos of extra weight on him. In kart he was fantastic. For three years they stole the world title from him: in 1978 someone crashed into him, in

Il colore della seconda stagione di Senna nel Mondiale è il nero striato di oro della Lotus, team più che mai lanciato ai vertici della F1 nel quale trova, fra gli altri, il già veterano Elio De Angelis, di due anni appena più vecchio (1958 Elio, 1960 Ayrton), e il DS Peter Warr (nella foto grande), fedele spalla del grande Colin Chapman già dalla fine degli anni Sessanta.

Senna's second World Championship season was cloaked in the black and gold pinstripes of Lotus, a team on the crest of a wave in F1 and which featured the already experienced Elio De Angelis, just two years older than Ayrton (1958 Elio, 1960 the Brazilian), the competitions manager Peter Warr (in the larger photo), right-hand man to the great Colin Chapman from the late 1960s.

OLYMPUS
CAMERAS
OLYMPUS
CAMERAS
JPS
NACIONAL

Il kart gli piaceva tantissimo come guida pura e terreno di competizione esasperata.

«Sì, questa idea l'ha mantenuta sempre. Invece, sul piano della velocità, Ayrton mi confidava che una volta arrivato in F1 si capiva che kart, Formula Ford e F3 erano cessi, anche se in F3 si divertiva da morire. Lui però nel biennio 1984-1985 mi diceva che quando si guida una F1 ci si accorge della velocità stellare alla quale si sta andando solo se dall'abitacolo si guarda di fianco».

A voi della Dap era rimasto molto affezionato, vero?

«Tantissimo. Quando la Toleman per ragioni contrattuali lo mise a piedi per il Gran Premio d'Italia, alla vigilia di Monza 1984, Ayrton venne a dormire da me. La domenica non volle neanche vedere la gara in Tv e preferì andare all'oratorio vicino casa mia, per sfidarmi a ping-pong: "Se non corro, non me ne frega niente" – mi disse. Lui era così. Della Toleman mi diceva che era deluso, perché in gara a Hockenheim 1984 gli era saltato un alettone, facendogli rischiare la pelle. Eppoi il team non aveva neanche un banco prova per i motori. Non fu dispiaciuto di lasciarli».

E di quell'esaltante ma sfortunato 1985 a Imola?

«Anzitutto gli aspetti più personali. Ayrton amava la mia famiglia e aveva innato un profondo senso della gratitudine. Tanto per cominciare, per quel suo primo gran premio italiano in Lotus, invitò al paddock mio fratello Achille e il figlio Daniele. Poi di quella sua pole imolese, l'inizio di una lunga serie, conosco i meccanismi psicologici che la scatenarono. A pochi minuti dalla fine, il miglior tempo lo aveva il suo compagno di squadra De Angelis e per lui la cosa era semplicemente insopportabile. Tornò nell'abitacolo e stracciò tutti. La gara l'avrebbe vinta, se non avesse finito la benzina».

1979 they changed the regulations to screw him and in 1980 he was pushed off the track when he was dominating the race. The loss of that world title was his big worry".

He liked kart a lot as pure driving and put in some fiery performances.

"Yes, he always gave that kind of performance. But Senna once confided in me that when he got to Formula 1 he realised that kart, Formula Ford, and F3 were crap, even if he did have a lot of fun in F3. But in 1984-85, he told me that when you drive an F1 car you only notice the incredible speed you're doing if you look to the sides".

He stayed closed to you people at DAP, right?

"Really close. When Toleman left him out of the team for contractual reasons on the eve of the 1984 Grand Prix of Italy at Monza, Ayrton came to stay with us. He didn't even want to see the race on TV on the Sunday and preferred to go to the youth club near my house to challenge me to a game of ping-pong. He said, 'If I don't race, I don't give a toss'. He was like that. He told me Toleman disappointed him because his car lost a wing at Hockenheim that same year, and his life was in danger for a bit. The team didn't even have an engine test bench. He wasn't unhappy to leave".

And that exciting but unfortunate race at Imola in 1985?

"First of all, the more personal side of it. Ayrton loved my family and had an inborn, profound sense of gratitude. To begin with, he invited my brother Achille and his son Daniele to the paddock for his first Italian Grand Prix with Lotus. And regarding his pole at Imola, the start of a long series of them, I know the psychological mechanism he unleashed. His teammate Elio De Angelis set the fastest time a few minutes from the end and that was simply unbearable to him. He turned his

Sin dal 1985, nei giorni del Gran Premio di Imola, Senna non perde occasione per far visita alla redazione di *Autosprint* a San Lazzaro di Savena. Da quel momento, complice anche la grande amicizia che lo lega al suo fotografo Angelo Orsi, diventerà un habitué del prestigioso giornale sportivo italiano per il quale, negli anni successivi, curerà anche una rubrica.

From 1985, during the Imola GP weekend, Senna would always visit the Autosprint staff at San Lazzaro di Savena. From then on, thanks also to his great friendship with the photographer Angelo Orsi, he was to become a habitué of the prestigious Italian motorsport periodical for which, in later years, he also penned a column.

MACHINERY
John Player Special

Dalle sue parole, l'affetto per Senna sembra addirittura avere prevalenza sulla stima pura per il pilota, che comunque è quasi infinita.

«Penso che a giudicarlo grande, grandissimo come campione, nessuno faccia degli sforzi. A me, inoltre, piaceva sul piano personale, per il cuore, per la scala di valori che era riuscito a mantenere, malgrado fosse diventato un top driver o, meglio ancora, un divo di importanza planetaria. Certe cose la gente non le sa ed è bene che le conosca, per fare le sue valutazioni.

Io e mio fratello avevamo contato nei primi anni della sua carriera e questo per lui restava fondamentale. Ogni anno, verso Natale, i primi auguri che ci arrivavano a casa erano sempre quelli di Ayrton. E, per quanto mi riguarda, c'era un bonus aggiuntivo. Sono nato il giorno 20 marzo, lui il 21. Questa cosa lo aveva colpito, gli era rimasta impressa.

Non correva più per noi da anni, eppure ogni 20 marzo, mi arrivava una telefonata da qualsiasi parte del mondo, con Ayrton giocoso che mi augurava buon compleanno, dicendo che mi dava l'occasione per contraccambiare il gesto in diretta, visto che poche ore dopo sarebbe toccato a lui spegnere le candeline. Ecco, in un mondo nel quale l'affetto e la riconoscenza sono valori sempre più rari, lui rappresentava una persona particolare, calda e stupenda. Uno che non dimenticava. Il tutto valorizzato dal fatto che era un uomo estremamente intelligente».

Angelo, qual è l'ultimo ricordo di Ayrton, o, se è il caso di svelarlo, il vostro ultimo dialogo?

«Non mi crea alcun problema parlarne, anzi, penso che dire tutto contribuisca a comprendere perfettamente il suo stato d'animo, in quel maledetto week-end di domenica primo maggio 1994.

---

mind back to his car and he beat everyone. He would have won the race if he hadn't run out of fuel".

From what you've said, the affection for Senna even seems to have prevalence over admiration for the driver, which is infinite anyway.

"I think that believing he was a truly great champion was no effort for anybody. I liked him on a personal level for the heart, his scale of values that he was able to maintain despite the fact that he'd become a top driver or, better still, a star of planetary importance. Some things people don't know and they should, before forming an opinion of him.

"My brother and I had contact with him during the early years of his career and that remained fundamental to him. Every year leading up to Christmas, his best wishes were the first to reach our house. And, as far as I'm concerned, there was an added bonus. I was born on 20 March and Ayrton on the 21st. He was most impressed by that. He hadn't raced for us for years, yet he telephoned me every 20 March from wherever he was in the world with a playful Ayrton wishing me a happy birthday, saying he would give me the chance to exchange the gesture live, given that it would be his turn to blow out the candles a few hours later. So in a world in which affection and recognition are increasingly rare values, he was a special person, warm and stupendous. One who didn't forget. And all that evaluated on the basis that he was extremely intelligent".

Angelo, what is your last recollection of Ayrton or, if it's right to reveal it, your last conversation?

"I don't have any problem with speaking about it, in fact I believe that saying everything contributes to understanding his state of mind on that awful Sunday 1 May 1994.

Al Gran Premio di Imola del 1985 Ayrton approda reduce dal suo primo successo in F1, maturato due settimane prima in Portogallo, all'Estoril. Vittoria, pole position e giro veloce. Una prestazione "alla Gilles", cui è intitolato il trofeo che Senna regge orgoglioso fra le mani.

Ayrton came into the Imola GP of 1985 having won his first F1race two weeks earlier at Estoril in Portugal. Victory, pole position and fastest lap. A performance "alla Gilles" to whom the trophy Senna is proudly holding is dedicated.

John Player
NACIONAL
elf RENAULT
Player Special

Il giovedì, il giorno prima dell'inizio delle qualificazioni, ricevetti da Imola una sua telefonata che mi colpì molto. Diciamo pure che mi fece la confessione più sorprendente che gli avevo mai sentito, lasciando aperta la possibilità di un imminente annuncio clamoroso. Insomma, Ayrton al telefono mi confidò questo: "Angelo, lo dico solo a te: forse sto prendendo una decisione. Ho problemi con la mia monoposto e anche con la squadra non è che le cose stiano andando molto bene. Ecco, sto pensando di lasciare la F1. Sai cosa voglio fare? Desidero tornare a correre in kart, per il puro piacere di guidare. Voglio ricominciare a divertirmi e basta. Ci devo pensare ancora un po'. Senti, se decidessi così, te la sentiresti di darmi una mano? Saremmo ancora insieme, come ai vecchi tempi...". Gli risposi sì. Lui ne fu rincuorato, felice. Rasserenato, mi salutò. Resta quella l'ultima volta che l'ho sentito».

Scattato dalla pole con la quale "vendica" l'onta della mancata qualificazione l'anno prima, Ayrton, a Imola, rischia anche di vincere salvo poi essere costretto alla resa per essere rimasto a secco di carburante, a pochi giri dal termine, quando era al comando.

Starting from the pole that represented revenge for the previous year's failure to qualify, at Imola Ayrton went close to winning again before being forced to retire when he ran out of fuel while leading just a few laps from the finish.

"On the Thursday before the start of qualifying, he called me from Imola and that impressed me a lot. I don't mind saying that he made the most surprising confession I've ever heard, leaving open the possibility of an imminent clamorous announcement. On the phone, Ayrton confided, 'Angelo I'm only going to tell you; perhaps I'm taking a decision. I've got problems with my car and things with the team aren't going all that well, either. I'm thinking about leaving Formula 1. You know what I'd like to do? Go back to racing karts for the sheer pleasure of driving. I want to start having fun again and that's it. I have to think it over again. Listen, if I make that decision would you be willing in giving me a hand? We'll be together again, like old times...'. I said yes. He was heartened by that. Comforted, he said goodbye. That was the last time we ever spoke".

S OF VERONA
Yoga
Agip
SINT

1986

AYRTON SI CONFERMA RE DELLA POLE

Gian Carlo Minardi

AYRTON PROVED TO BE THE KING OF THE POLE

Per il secondo anno consecutivo Senna infiamma la Collina della Passione con una perentoria pole position. Per lui Imola sta diventando una pista più generosa in qualifica che in gara e non è certo un caso.
La sua stupenda Lotus 98T-Renault, nera come una notte attraversata dai fulmini della filettatura oro dei colori John Player Special, è un missile nel giro secco. Appositamente concepita dal tecnico Gerard Ducarouge per essere la più veloce di tutte nel segmento breve, nell'esplosione prestazionale pura, salvo quasi inesorabilmente ridimensionarsi in gara, per l'affidabilità non imperforabile e l'attitudine al consumo del motore Renault, più assetato dell'evolutissimo Honda.
Poco importa. Ayrton ha 26 anni, spinge come non ci fosse un domani e questa filosofia costruttiva sembra sposarsi armoniosamente con la sua esplosiva e istintiva volontà di potenza, quasi nietzschiana.
Domenica 27 aprile, al via, Senna scatta in testa, impeccabile, ma è braccato dalla Williams-Honda dell'acerrimo rivale Nelson Piquet, il quale, all'ingresso della Tosa, tenta l'infilata, che riesce perfettamente.
Al primo giro lo stesso Piquet è in testa, inseguito da Senna, quindi dalle McLaren di Prost e Rosberg e dalle Ferrari di Alboreto e Johansson.

For the second successive year, Senna set the Collina della Passione on fire with another pole position. To him, Imola seemed to have become a more generous track for poles rather than the races, and not by chance.
His stupendous Lotus 98T-Renault, black as night with shafts of gold in the colours of John Player Special cigarettes, was a missile over a single lap. Specially conceived by technician Gerard Ducarouge to be faster than any other in qualifying in an explosion of high performance, but in the race it was not so effective due to its imperfect reliability and the fuel consumption of the Renault engine, which was thirstier than the much evolved Honda.
Not so important. Ayrton was 26 and pushed like there was no tomorrow and this constructive philosophy married harmoniously with his explosive and instinctively powerful will that was almost Nietzschean.
At the start of the 27 April race Senna snatched the lead impeccably, but he was chased by Nelson Piquet's Williams-Honda, which overtook him going into Tosa. So on the first lap Piquet led, with Senna second, followed by the McLarens of Prost and Rosberg, the Ferraris of Alboreto and Johansson.
Nelson extended his lead lap after lap, but on the 11th Ayrton's expectations were shattered

John Player Special
Ayrton Senna
AULT
John Player Special
DeLonghi
12
elf
GOODYEAR
GOODYEAR
DeLonghi
12
MICROMAX

Al comando Nelson allunga giro dopo giro, mentre le aspettative di Ayrton si infrangono all'11esimo giro contro la cruda realtà delle corse: il cedimento di un cuscinetto ruota blocca il suo inseguimento e lo costringe al ritiro. Ancora una delusione in gara, per lui, a Imola. In tre anni di partecipazioni non ha mai visto la bandiera a scacchi.
È un giorno poco fortunato anche per un team manager italiano, Gian Carlo Minardi, il quale vede entrambe le monoposto che portano il suo nome, spinte dal propulsore Motori Moderni dell'ingegnere Carlo Chiti e guidate da Andrea De Cesaris e da Alessandro Nannini, ritirarsi anch'esse nella prima parte della competizione.
Eppure Minardi, ovviamente in modo diverso e originale rispetto a Senna, si ritaglia un posto importante nella F1 della sua epoca.
Una militanza durata venti anni esatti, dal 1985 al 2005, qualche sorprendente soddisfazione in pista, come il giro in testa con Martini in Portogallo 1989 o la prima fila conquistata sempre con Piero, nel Gran Premio Usa 1990. Quindi a lui spetta il vanto di aver fatto debuttare futuri campioni, Alonso su tutti, e di aver schierato una numerosissima nidiata di giovani italiani. Ecco, pure questi restano gli imperituri motivi d'orgoglio di Gian Carlo, che ebbe anche la soddisfazione di essere considerato un buon amico da Ayrton Senna.
«Il mio primo incontro con Ayrton – racconta Gian Carlo Minardi –, risale addirittura al lontanissimo 1982, quando Paolo Barilla, al tempo mio pilota in F2, mi segnalò questo 22enne brasiliano, pregandomi di andare a vederlo in Formula Ford 2000, perché nelle formule pro-

---

by one of the crude realities of racing: a broken wheel bearing, which forced his retirement. Yet another disappointment in an Imola race. So in three races at the circuit he never once saw the chequered flag.
It wasn't a much luckier day for Italian team manager Gian Carlo Minardi, as both of the cars carrying his name, powered by Motori Moderni engines by engineer Carlo Chiti and driven by Andrea De Cesaris and Alessandro Nannini, also retired early in the race.
Yet Minardi carved out an important place for himself in the Formula 1 of his day, obviously in a different and original way.
An epoch that lasted precisely 20 years from 1985 to 2005, with a number of surprising successes on the track. Like Pierluigi Martini leading the first lap at the 1989 Grand Prix of Portugal; or the same driver putting his Minardi on the front row of the grid in the 1990 USA GP. To Gian Carlo goes the credit for giving future champions their debut, not least the most outstanding of them all, Fernando Alonso, and for having entered a large number of young Italians. These are among the reasons for Minardi's just pride, a man who also had the satisfaction of being considered a good friend of Ayrton Senna.
"I first met Ayrton", remarked Gian Carlo Minardi, "way back in 1982 when Paolo Barilla, an F2 driver at the time, pointed out to me this 22 year old Brazilian, asking me to go and see him in Formula Ford 2000, because he was winning everything everywhere in that promotional formula. So as soon as I had the chance, I went to see a race at Hockenheim and realised Ayrton was uncom-

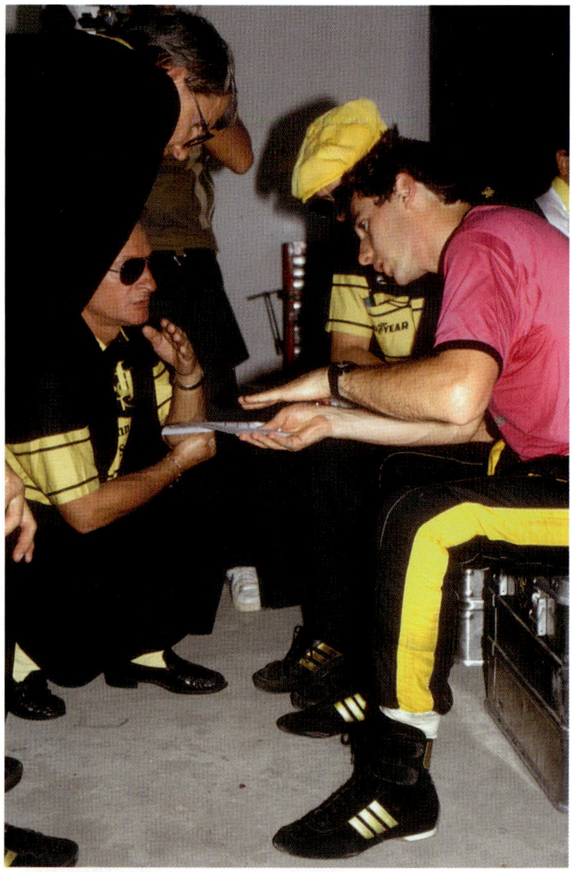

Ormai nei panni di prima guida, Ayrton si appresta a disputare la sua seconda stagione in Lotus puntando senza mezzi termini al Mondiale. Lo fa al volante della nuova 98T con la quale ottiene due vittorie finendo anche sei volte sul podio. Il titolo non arriva ma non per questo il Campionato può dirsi deludente.

Now the team's lead driver, Ayrton's clear objective in his second season with Lotus was to win the championship. He was driving the new 98T with which he won two GPs and secured a further six podium finishes. He missed out on the title, but this can hardly be said to have been a disappointing season.

Reporter
Reporter
PHILIPS

mozionali stava vincendo tutto e ovunque. Così, appena ne ebbi la possibilità, assistetti a una sua corsa a Hockenheim e mi resi conto che Ayrton era in possesso di doti non comuni. Tanto che mi complimentai con lui a fine gara, invitandolo a cena per discutere del futuro. Con le gambe sotto il tavolo, gli proposi un contratto per correre con la Minardi di F2 nella stagione 1983, ma lui aveva già pianificato scrupolosamente la sua carriera, prevedendo un'annata in F3 inglese, che l'avrebbe lanciato direttamente in F1. E così andò. Mi colpì molto, perché aggiunse anche che secondo i suoi calcoli si sarebbe laureato Campione del mondo di F1 nel 1988. Quando, sei anni dopo, lui iridato lo divenne davvero, mi venne da sorridere ripensando alla lucidità del ragazzo nel quale avevo creduto e che volevo aiutare mentre tanti, quasi tutti, lo ignoravano. Mi resta comunque il piacere di essere stato il primo a offrirgli dei soldi per correre e un contratto da professionista, quando ancora, di fatto, lui era un pilota dilettante».

Questo di certo nel tempo contribuì a creare un buon rapporto tra Senna e Minardi, aperto, sereno e simpatico.

«Al paddock della F1, nei momenti di pausa, ci veniva a salutare spesso – spiega Gian Carlo –, perché da noi trovava un clima di famiglia e un bel piatto di pasta, che lui adorava. E in più, a titolo personale, posso garantire che tra me e lui c'era un bel rapporto, fatto di confidenza e fiducia».

Un esempio concreto?

«Be', quando lui, a inizio 1993, ebbe problemi contrattuali con Ron Dennis, tanto da essere

---

monly gifted. So much so that I complimented him at the end of the race, and invited him to dinner to discuss his future. I offered him a contract to race with Minardi in the 1982 F2 season, but he had already scrupulously planned his career, which included a year of British F3 and that would launch him straight into F1. And that's what happened. He impressed me a great deal, because he added that, according to his calculations, he would be the 1988 Formula 1 World Champion. When he won the title six years after that 1982 dinner I smiled, thinking once more of the lucidity of that lad in which I believed and who I wanted to help while many, almost all of them ignored him. I still have the pleasure of knowing I offered him money to race plus a professional's contract when he was actually still an amateur driver".

Certainly, that contributed to creating good relations between you and Senna, open, serene and pleasant.

"During breaks in F1, he often visited us in the paddock", continued Gian Carlo, "because he found a family atmosphere with us and a good plate of spaghetti, which he adored. And on a personal note, I can guarantee that there were really good relations between us, one of confidence and trust".

A concrete example?

"Well, when he had contractual difficulties with Ron Dennis in 1993 to the point where he was about to leave McLaren, he often called me in the evening to ask advice. I was in a bar on one occasion and I excused myself from my friends so that I could talk to him. So much so that my friends joked about it, because they thought I had a lover for the first time in my life. Instead, it was Ayrton Senna on the line".

Sin dai primi anni in F1 Senna si fa amare, non solo dal pubblico. In alto è in compagnia di Bernie Ecclestone mentre sopra scambia alcune battute con Piero Ferrari, figlio del "Drake".

From the early years in F1 Senna made himself very popular, not only with the public. Top, here he is with Bernie Ecclestone while, above, he is seen chatting with Piero Ferrari, son of the "Drake".

John Player
elf
RENAULT

sul punto di lasciare la McLaren, la sera mi telefonava spesso per chiedere consigli. Io ero al bar e mi assentavo per parlarci, tanto che gli amici, scherzando, mi prendevano in giro perché pensavano che per la prima volta in vita mia mi fossi fatto l'amante. Invece in linea con me c'era Ayrton Senna».

Negli ultimi anni all'interno del paddock girava una specie di leggenda metropolitana che voleva Senna intenzionato, un giorno, a chiudere la carriera correndo proprio per la Minardi. C'è un fondo di vero?

«Non era solo vero, era verissimo. Lui mi aveva promesso che, uguagliati i cinque titoli mondiali vinti da Fangio, sarebbe venuto a correre i suoi ultimi gran premi con me, per fare diventare grande un piccolo team come la Minardi».

Cosa può dire del rapporto tra Ayrton e Imola, nei giorni migliori?

«Ayrton amava Imola e l'Italia gli piaceva moltissimo. D'altra parte, per lungo tempo, il Gran Premio di San Marino era la prima gara europea, un momento di verifica importante per la F1, ma anche un appuntamento bello, colorato e tutto da vivere e godere. Era una sorta di prima assoluta continentale per il Mondiale, nella quale debuttavano le monoposto nuove e si cominciava a capire dove andava a parare la stagione. Il clima di festa contribuiva al contatto e al dialogo, a rendere il circo della F1 un crogiuolo di umanità».

E in tale ambientazione stimolante, all'interno di questa vera e propria kermesse, come inquadrerebbe la figura di Ayrton Senna?

In the final years a kind of metropolitan legend went around the paddock that had Senna planned to end his career one day racing for Minardi. Is there any truth in that?

"That was very true. He promised me that when he had won five world titles and equaled Juan Manuel Fangio's record, he would come and compete in his last grands prix with me to make a small team big".

What can you tell us about Ayrton's relations with Imola in his best days?

"Ayrton loved Imola and he liked Italy a lot. On the other hand, the Grand Prix of Imola was the top European GP for a long time, an important moment of verification for F1, but it was also nice, colourful with so much to be enjoyed. It was a sort of absolute world championship preview, in which new cars made their first appearance and one began to understand which way the season was going. The atmosphere of celebration contributed to contact and dialogue to make the F1 circus a crucible of humanity".

And in that stimulating environment, a real fun fair, how did you picture Ayrton Senna?

"I can make an evaluation with the right view", concluded Gian Carlo Minardi, "given that I was in the world championship with my team for two full decades. Despite the fact that the pressure of life in the pits, the influence of sponsors and the media exposure were all components that already made themselves felt in a way that's not always positive, you got to know really interesting people. People with whom you lived pleasant yet intense times. And Ayrton Senna was a giant on the track because a he was able to go faster than all the others, sometimes taking risks way beyond the limit,

Fervono i lavori ai box attorno alla Lotus del brasiliano che ancora una volta, in prova, fa segnare il miglior tempo fermando i cronometri sul minuto 25" e 050 centesimi, davanti alla Williams-Honda del più che rivale e avversario Nelson Piquet.

Work in progress around the Lotus of the Brazilian who once again set the fastest time in practice, stopping the clocks on 1.25.050, ahead of his great rival and adversary Nelson Piquet in the Williams-Honda.

NACIONAL
ONGINES
RADIO
sep
RACING
TEMPERATURES °C
Reporter

«Posso fare una valutazione a ragion veduta – conclude Gian Carlo Minardi –, visto che nel giro del Mondiale, col mio team, ci sono restato per due decenni pieni. La vita ai box, malgrado le pressioni, l'influenza degli sponsor e l'esposizione mediatica, tutte componenti queste che si facevano già sentire in modo non sempre positivo, la vita ai box, dicevo, era ancora piuttosto genuina e appagante. Conoscevi gente davvero interessante, con la quale vivevi momenti simpatici e intensi. E la figura di Ayrton Senna – un gigante in pista perché sapeva andare più forte di tutti rischiando a volte oltre il limite, ma anche una personalità forte e carismatica fuori dall'abitacolo –, si stagliava come uno dei simboli più belli, credibili e veri di quella F1, della quale ora non v'è quasi più traccia.

Adesso il cambiamento è radicale e quel Circus caldo e dal volto umano può essere definito solo un bel ricordo. La scomparsa di Senna da questo punto di vista ha costituito uno spartiacque. Purtroppo, da quella domenica di inizio maggio 1994, non solo si è spenta una stella, non solo la F1 ha perso il suo punto di riferimento e l'automobilismo il campione più amato, no, è stata una svolta, purtroppo triste, che ha segnato per sempre la fine di un'epoca, l'era di Ayrton Senna, alla quale io personalmente e la mia squadra, il team Minardi, abbiamo avuto il piacere e l'orgoglio di appartenere».

Il Gran Premio di San Marino si rivela ancora una volta amaro per Senna che, sopravanzato da Piquet che si porta al comando, resterà al secondo posto sino all'11° giro quando sarà di nuovo costretto alla resa per noie meccaniche. Pur non relativa al 1986, l'immagine in basso, ritrae Ayton in compagnia di Gian Carlo Minardi e Pierluigi Martini, due amici che in questo volume hanno voluto ricordare il grande campione.

The San Marino GP was again an unpleasant experience for Senna who, overtaken by Prost who moved into the lead, was to hold second until the 11th lap when he was forced to retire with mechanical problems.
While not from 1986, the photo at the bottom shows Ayrton in the company of Gian Carlo Minardi and Pierluigi Martini, two friends who have contributed their memories of the great champion in this book.

1986

---

but he was also a strong and charismatic personality outside the cockpit. He stood out as one of the best symbols, credible and real in that F1 of which there is almost not even a trace today.
"Now, it has changed radically and that hot circus with a human face can now be defined as just a pleasant memory. From that point of view, the death of Senna was a parting of the ways. Unfortunately, from that Sunday 1 May 1994, not only was a star snuffed out, not only did F1 lose its point of reference and motor racing the most loved champion, no, it was unfortunately a sad turnaround. It had marked forever the end of an epoch, the era of Ayrton Senna to which I personally, and my team, had the pleasure and pride of belonging".

FIAMM
Marlboro
Marlboro
John Player

Il 1987 vede Senna al volante della Lotus 99T-Honda a sospensioni attive. Una belva imprendibile sui tracciati tormentati e cittadini, quanto cattiva ovunque, come sempre, sul giro secco. A Imola il brasiliano ricorda a tutti come funziona la faccenda, sfrecciando in qualifica a 210 km/h di media e issandosi ancora una volta in pole position.

I 100mila spettatori votano per tradizione l'anima e il tifo alle Ferrari, guidate da Alboreto e Berger, in agguato in terza fila. Paura per Piquet, che in prova si schianta all'approccio del Tamburello e, malconcio, prudenzialmente rinuncia a prendere parte alla corsa.

Il primo via viene annullato per un problema alla Zakspeed di Brundle e, alla partenza vera e propria, Ayrton scatta in testa come una freccia ma al secondo passaggio è la Williams-Honda di Mansell a prendere il comando delle operazioni.

L'inglese vola, inseguito dalla McLaren di Prost, che nel frattempo ha superato Senna, buon terzo. Lo stesso Prost, però, al 15esimo giro si ritira con l'alternatore kappaò. Il finale si trasforma in una passerella vincente per Mansell, cui fa da contraltare la sfida emozionante per il secondo posto tra Senna, il rimontante Alboreto e Patrese, tra l'entusiasmo del pubblico, fino a che Riccardo è out per guai alla batteria, mentre Ayrton ha ragione di Michele, assicurandosi il secondo posto finale, dietro alla Williams del "Leone".

1987

UNA POLE INTELLIGENTE

Alberto Sabbatini

AN INTELLIGENT POLE

Senna drove the active suspension Lotus 99T-Honda for the 1987 season. A wild beast that was uncatchable on tortuous, twisting tracks and city circuits, fierce everywhere as always on a single qualifying lap.

At Imola, the Brazilian reminded everyone of how things were done; he flew at an average of 210 kph to take pole position yet again.

As is their tradition, the 100,000 spectators kept their hearts and support for Ferrari, the cars driven by Michele Alboreto and Gerhard Berger, who were lying in wait in the third row of the grid. There was momentary fear for Piquet, who had crashed at the approach to Tamburello and, in bad shape, prudently decided not to compete in the race.

The first start was annulled due to problems with Martin Brundle's Zakspeed, and the second time they were flagged away Ayrton shot into the lead, but on the second lap Nigel Mansell's Williams-Honda took command. The Briton flew, followed by Alain Prost's McLaren, which had overtaken Senna who held a good third place. But on the 15th lap, Prost retired with a broken alternator. The race transformed itself into a parade won my Mansell, who was above the emotional scrap for second place between Senna, Alboreto who had made a comeback, and Riccardo Patrese who dropped out with battery problems. It was Ayrton who slipped past Alboreto to clinch second, behind the "Lion's" Williams.

Born in 1958, Alberto Sabbatini recalls Senna's golden era as in those days he wrote for "Rombo", the

CAMEL
Banco
NACIONAL
Marlboro
Marlboro
Prost
BOSS
Marlboro
STROL

A ricordare l'epoca d'oro di Ayrton è Alberto Sabbatini, classe 1958, in quei tempi inviato d'assalto per il settimanale *Rombo* e poi per *La Gazzetta dello Sport*, fino a diventare, nell'era più recente, direttore di *Autosprint* e del mensile *Auto*.
«Senna lo conobbi al Gran Premio di Gran Bretagna 1984 a Brands Hatch – racconta Sabbatini –, poco prima del via. Lui correva per la Toleman e me lo presentò Andrea Ficarelli, che l'apprezzava dai tempi del kart. Mi colpì molto che Ayrton, pur in griglia di partenza a pochi minuti dal via, per darmi la mano si tolse il guanto destro. Un gesto che la diceva lunga sulla sua educazione. In gara poi arrivò sorprendente terzo, tanto che andai subito a complimentarmi con lui. E mi stupì ancor più che a Natale mi giunse inatteso il suo biglietto di auguri. Era un debuttante, ma già assai speciale, come pilota e come uomo».
E di lui a Imola, cosa dici?
«Finito il Mondiale, Ayrton staccava tre mesi, prima di tornare al volante per le trasferte iniziali in Brasile e Usa. Poi c'erano i test lunghissimi preperatori a Imola, con due-tre sessioni in aprile. Imola per lui rappresentava il piacevole ritorno in Europa, la capitale primaverile della F1, anche se una volta finì per nevicare, proprio quando avevo un appuntamento con lui. Lo vedo che se ne sta andando a bordo della sua Honda Civic Crx bianca, lo chiamo, si accendono gli stop, poi la luce della retromarcia ed eccolo da me. Mi dice che ci saremmo visti poco dopo alla Romagnola di Castelsampietro. Rimasi stupito, perché non era un hotel a trenta stelle, ma una semplice trattoria, dove lui amava andare, malgrado a Imola soggiornasse all'Hotel Castello. In quell'occasione gli feci conoscere mio padre Marcello, storico direttore di *Autosprint* e poi di *Rombo*, che gli regalò in

motor sport weekly, and the Gazzetta dello Sport until more recently, when he became the editor of the Autosprint weekly and Auto monthly.
"I first got to know Senna in 1984 just before the start of the Grand Prix of Great Britain at Brands Hatch", remembered Sabbatini. "He was competing for Toleman and Andrea Ficarelli introduced him to me as the Brazilian from kart days. It impressed me a lot that Ayrton, even though he was standing on the grid a few minutes before the start, shook my hand having first taken off his right glove; a gesture that said a great deal about his good manners. He came a surprising third in the race, so I immediately went to congratulate him. After that, I was even more amazed when I received a Christmas card from him. He was a debutante, but already so special as both a driver and a man".
And what would you say about him at Imola?
"When the world championship had finished for the year, Ayrton took three months off before going back to racing, leaving for Brazil and the USA. Then there were extremely long tests in preparation for Imola, with two or three sessions in April. To him, Imola was a pleasant return to Europe, the spring capital of F1, even if it did snow once on a day when I had an appointment with him. I saw him as he was leaving the paddock in his white Honda Civic CRX. I called him, the brake lights went on, then the reversing light and there he was, in front of me. He said we'd see each other soon afterwards at the Romagnola di Castel San Pietro. I stood there amazed, because it wasn't a hotel with a million stars but a simple trattoria where he loved to go, despite the fact that he stayed at the much vaunted Hotel Castello in Imola. On that occasion, I introduced Ayrton to my father Marcello, the long-time editor of Autosprint and then Rombo, and he

Dal nero al giallo ma sempre Lotus: è siglata 99T e monta le famigerate "sospensioni intelligenti", sinonimo di gioie e di dolori per Ayrton lungo tutto il corso della stagione che il brasiliano concluderà al terzo posto nel Mondiale e con due vittorie all'attivo.

From black to yellow, but still Lotus: this was the 99T and featured the notorious "intelligent suspension", a synonym for alternating fortunes for Ayrton throughout the season which the Brazilian finished in third place in the final standings with two victories.

elf

segno di stima una spilla con la tartaruga simbolo di Tazio Nuvolari. Ayrton se la appuntò subito sulla sua felpa verde, una prova, anche questa di grande sensibilità e rispetto».

A tavola parlaste dell'arcirivale Prost?

«Alain era sempre al centro dei suoi discorsi, ma lui non lo nominava mai, indicandolo solo col nomignolo di "Frog", la rana, come gli inglesi definiscono, canzonandoli, i francesi. E Ayrton parlò molto di Armando Botelho, da poco scomparso, l'uomo che suo padre Milton gli aveva messo accanto come tutor nel 1982, al ritorno in Europa che segnò il suo decollo verso il professionismo e che era divenuto una sorta di padre putativo».

Ai tempi della tua militanza in *Gazzetta*, eri l'uomo su Senna, il marcatore puro del brasiliano...

«...Tanto che ci cenai insieme nel 1988 al San Domenico, la sera in cui mi spiegò che le invincibili McLaren Mp4/4 erano macchine facili e dolci rispetto alle Lotus che aveva guidato fino al 1987, con le quali doveva accelerare non solo col piede ma anche manualmente, dosando il boost in contemporanea, per gradualizzare l'erogazione di potenza e evitare di "mangiarsi" subito le gomme. Lui era grande e creativo nello stile di guida dai tempi del kart. A Rioveggio c'è un'impegnativa doppia curva a sinistra che lui riusciva a percorrere guidando con una mano sola, la sinistra, visto che era mancino, mentre con la destra parzializzava il carburatore, che così si ritrovava ad avere più benzina che aria, ottenendo un surplus d'accelerazione. Senna era anche questo».

Il fatto che kartisticamente Senna fosse cresciuto in Italia, gli faceva apprezzare di più la trasferta di Imola?

gave Senna a tortoise badge – the Tazio Nuvolari symbol – as a mark of his esteem. Ayrton immediately pinned the badge to his green sweatshirt. And this, too, was a sign of great sensitivity and respect".

Did he speak of his archrival Prost as you ate?

Alain was always at the centre of his discussions, but Senna never once referred to him by name; he just called him the frog, as the English tease the French. And Ayrton talked a lot about Armando Botelho, who had died recently and was the man Senna's father, Milton, employed as a tutor for him in 1982 on return to Europe. That marked his road to professionalism as Botelho became a sort of father to him".

At the time when you worked at the Gazzetta, you were the Senna man, a source of information on the Brazilian...

"To the point that we had dinner together at San Domenico in 1988, the night he explained to me that the McLaren MP4/4 was an easy, pleasant car to drive compared to the Lotus, which he raced until 1987. With the Lotus, he had to accelerate not only with the pedal but also manually, dosing the boost at the same time to make power generation gradual and avoid scrubbing his tyres immediately. Ayrton was great and creative in his driving style from his kart days on. At Rioveggio there is a hard double curve to the left that he was able take that by driving with his left hand only, given that he was left handed, while he dosed the carburettor with his right so that he had more petrol than air, achieving a surplus of acceleration. Senna was that, too".

Did the fact that, kart-wise, Senna grew up in Italy make him appreciate competing at Imola even more?

"It certainly did", admitted Alberto. "In the depths of his heart he was a Ferrarista and Imola was the home

Al Gran Premio di Imola, seconda prova del Mondiale e prima del calendario europeo, Ayrton ha già voglia di riscatto dopo il ritiro nell'appuntamento di casa in Brasile. Lo fa capire sin dalle prove dove, per il terzo anno consecutivo, fa segnare la pole: 1'25"826.

At the Imola GP, the third round of the World Championship and first European race, Ayrton was eager to make up for his retirement in his home race in Brazil. This was clear in practice when for the third consecutive year he set pole position: 1'25"826.

Il Network Finanziario
DIESEL
FEODO
CAMEL
HONDA
GOODYEAR
DeLonghi
12
EAGLE

CAMEL
elf

Agip Agip Agip
CAMEL
elf
DeLonghi

«Certo che sì – ammette Alberto –. In fondo al cuore Ayrton era un ferrarista e Imola era la patria della Rossa. Mi confessò di sentirsi molto orgoglioso del fatto che, benché rivale delle Rosse, egli fosse così ammirato e stimato dai tifosi ferraristi. E lui, un po' romantico un po' paraculo, ne raccoglieva gli applausi, lasciandosi una porta aperta per il futuro. Il suo target era eguagliare i cinque titoli di Fangio al volante di una Ferrari, cosa che avrebbe reso quel traguardo impensabilmente leggendario».

Tanto che a te, proprio a Imola, disse una frase poi diventata famosa...

«Sì, fu nel 1990, c'erano i test e io mi piegai sotto la serranda del box McLaren, il primo dopo la Variante Bassa, e lo vidi. Lui da dentro mi notò e uscì per parlarmi, tanto che dalla tribuna centrale partì un boato di approvazione. Senna salutò il pubblico, sorrise e mi disse: "Ora fanno così, ma il giorno in cui guiderò per la Ferrari, quella tribuna verrà giù dall'entusiasmo". Usò l'indicativo e non a caso. Non faceva nulla a caso. Nella sua testa era certo che prima o poi sarebbe passato alla Ferrari. E in fondo Fiorio fece di tutto per averlo».

Alberto, anche tu, nel 1994, nelle inchieste giornalistiche successive all'incidente e alla scomparsa di Ayrton, hai avuto un ruolo significativo, riuscendo a piazzare il colpo a sensazione di avere la telemetria del giro fatale della Williams del brasiliano, compresi i secondi antecedenti all'impatto. Un insieme di grafici e dati suffragava e praticamente dimostrava che la rottura del piantone dello sterzo era la spiegazione più compatibile. Puoi svelare ora come riuscisti in quell'impresa?

«La mia fonte, che preferisco mantenere segreta, mi mostrò un librone orizzontale a copertina spessa – rivela Alberto –, rilegato ad anelli, che conteneva i segretissimi diagrammi della telemetria

---

of the Prancing Horse's fans. He confessed that he was very proud about the fact that, even though they were his rivals, he felt so admired and respected by the Ferrari fans. And Ayrton, a bit of a romantic and a bit of a bastard, accepted the applause, leaving a door open for himself for the future. His target was to equal the number of F1 world championships won by Juan Manuel Fangio while driving a Ferrari, which would become an almost unthinkable legend".

To the point where he spoke a sentence to you at Imola that would become famous...

"Yes, it was in 1990. There were the tests and I bent down under the McLaren pit shutter, which was the first past the Variante Bassa, looked in and I saw him. He saw me from the inside and came out to speak to me. Massive applause broke out from the central stand as the spectators saw him. Senna acknowledged the cheers of the public, smiled and said to me, 'That's what they do this time, but the day I drive for Ferrari, that stand with collapse with enthusiasm'. It's no coincidence that he used the indicative, because he spoke Italian perfectly. In his head he was certain that, sooner or later, he would have gone to Ferrari. And, when all is said and done, Cesare Fiorio did everything he could to have him".

Alberto, you also played a significant role in the journalistic inquiry that followed the accident and the death of Ayrton, as you scored a sensational scoop by having the telemetry of that fatal lap of the Brazilian's Williams, including the seconds before the impact. A blend of data-backed graphics that practically showed the breakage of the steering column was the only reasonable explanation. Can you reveal now how you were able to do that?

"My source, which I prefer to keep secret, showed me a large horizontal book with thick covers bound by

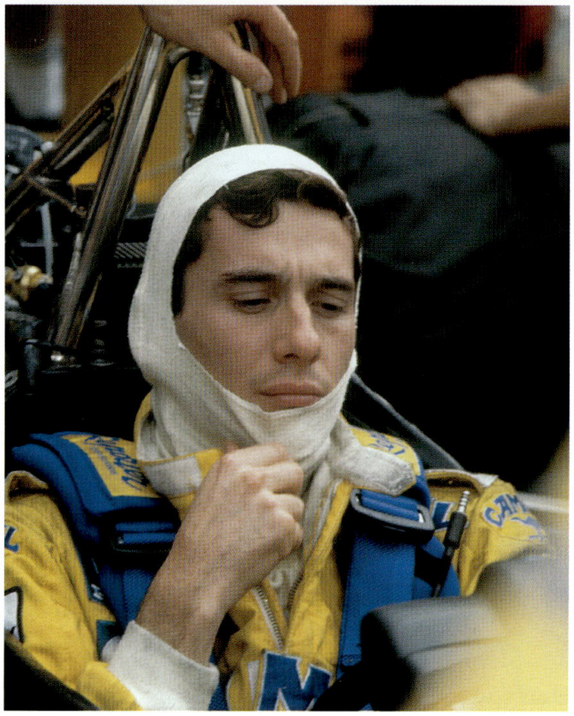

Immagini da un gran premio, ai box e in pista. Sopra, la gialla Lotus di Senna precede le Ferrari di Michele Alboreto e Gerhard Berger.

Images from a grand prix, from the pits and on track. Top, Senna's yellow Lotus heads the Ferraris of Michele Alboreto and Gerhard Berger.

CAMEL
CAMEL
elf
HONDA
12

CAMEL
elf

GOODYEAR
CAMEL
27
elf

MICROMAX
CAMEL
CAMEL
GOODYEAR

relativa alla centralina del team, in quanto basati sui dati relativi alla vettura e non al motore Renault. Sfogliandolo, arrivai ai grafici colorati dell'ultimo giro percorso da Ayrton e chiesi di poterli ricalcare accuratamente a penna, mettendoci sopra in trasparenza un tovagliolo sottile. Poi mi misi in contatto con l'ingegnere Claudio Lombardi, ex Ferrari, che mi aiutò a decifrare il complesso diagramma multicolore minuziosamente, scoprendo due cose fondamentali degli attimi precedenti all'incidente: 1) Più Senna girava lo sterzo, stranamente meno imprimeva forza, segno evidente che lo sterzo stesso s'era rotto. 2) Appena percepito il guaio, Ayrton un secondo e mezzo ha pensato che la situazione fosse gestibile, limitandosi a parzializzare il gas. E solo nell'ultimo mezzo secondo prima dell'impatto ha sollevato del tutto il piede dall'acceleratore. In definitiva, in quei disegni c'era la spiegazione del comportamento del campione, che aveva reagito in modo molto lucido, nei suoi suoi ultimi dieci secondi di vita».

Impressionante. Per certi versi, inquietante...

«E ti dirò di più. Tra le cose strane, cito che subito dopo l'incidente un guanto di Senna è andato perduto e non è mai stato ritrovato. E fu per caso, periziando tempo dopo il rottame della Williams, che un esperto intuì che un frammento dell'uniball era la causa delle devastanti ferite alla testa fatali a Senna. Ciò avvenne notando che l'affilato reperto entrava perfettamente nella feritoia del casco, a dare certezza che, in quell'evento tragico, caso e sfortuna avevano giocato un ruolo purtroppo determinante».

---

rings", Alberto revealed, "which contained highly secret diagrams of the telemetry in relation to the team's electronic management system in that it was data relating to the car and not the Renault engine. Leafing through the book, I got to the coloured graphics of the last lap by Ayrton and asked if I could accurately retrace them with a pen by putting a kind of serviette on top of them. Then, I made contact with engineer Claudio Lombardi, ex-Ferrari, who helped me to minutely decipher the complex, multi-coloured diagram, discovering two fundamental things about the moments preceding the accident. 1. The more Senna turned the steering wheel the less, strangely, it transmitted force, an obvious sign that the steering itself was broken. 2. As soon as he sensed the problem, Ayrton thought for a second and a half that the situation was manageable, limiting himself to partialising the gas. It was only in the last half second before the impact that he took his foot off the accelerator completely. The explanation for the champion's conduct was definitely in those diagrams. He reacted in an extremely lucid and rational way in the last 10 seconds of his life".

Incredible! In some ways, disquieting...

"And I'll tell you something else. Among the strange things that happened, I'd mention that, immediately after the accident, one of Senna's gloves was lost and it has never been found. Then, by coincidence, an expert inspected the Williams wreckage some time later and found that a fragment of the uniball was the cause of the devastating fatal injury to Senna's head. It was noted that the sharp item entered perfectly through the vent in his helmet, confirming that in that tragic event, fate and bad luck unfortunately played a determining role.

Il brasiliano sfreccia in prova, lo fa in gara ma ancora una volta non basta ad agguantare il gradino più alto del podio. Sarà secondo alle spalle della Williams di Nigel Mansell, equipaggiata con lo stesso motore Honda della Lotus.

The Brazilian was flying in practice and also during the race, but it was not enough to earn him the top step on the podium. He had to settle for second behind Nigel Mansell in the Williams powered by the same Honda engine as the Lotus.

CAMEL
elf
12
DēLonghi
HONDA

CAMEL
HONDA
elf
12

Quinto tentativo di Senna a Imola, quarta pole position consecutiva e prima annichilente vittoria, col loggione che osannante assiste alla passerella trionfale del campionissimo brasiliano. Il 1988 è l'anno della prima, vera chance iridata di Ayrton, passato dalla Lotus alla McLaren in coabitazione, scomoda ma per ora vivibile, con l'accreditato bicampione del mondo Alain Prost. I due hanno a disposizione l'arma totale, la McLaren Mp4/4, frutto del genio del progettista Gordon Murray e spinta dall'ormai quasi imbattibile turbo Honda V6. L'annata, Monza a parte – per un'incomprensione di Senna nel doppiaggio a Jean-Louis Schlesser alla chicane, che dà via libera alle Ferrari di Berger e Alboreto, sarà un monologo infinito della coppia McLaren, con tanto di verdetto finale a Suzuka, dove Senna rimontante va a vincere assicurandosi il primo, agognato e meritatissimo titolo mondiale.
Quanto al Gran Premio di San Marino, la cronaca sta tutta in poche righe.
Pronti-via e il poleman "Magic" va al comando inseguito da Prost. Sarà così fino alla bandiera a scacchi, col terzo classificato, Piquet su Lotus-Honda, addirittura staccato di un giro, umiliato e doppiato da Ayrton. In poche parole, il giorno 1 maggio 1988, sulle rive del Santerno comincia l'era, il regno di Senna.
Quel giorno, come oggi, tra gli inviati più accreditati del mondo dei motori, c'era e c'è Pino Allievi, più di cinquecento gran premi

1988

FINALMENTE SUL GRADINO PIÙ ALTO DEL PODIO

Pino Allievi

FINALLY ON THE TOP STEP OF THE PODIUM

Senna's fifth attempt at Imola, his fourth consecutive pole position and his first all-annihilating victory, with the crowd singing hosanna during the great Brazilian champion's triumphant lap of honour.
Because 1988 was the year of the first real chance Ayrton had of winning the Formula 1 World Championship, having moved from Lotus to McLaren in cohabitation – uncomfortable but viable – with the well-established double world champion Alain Prost.
The two had available to them the ultimate weapon, the McLaren MP4/4, designed by the ingenious Gordon Murray and powered by the almost unbeatable Honda V6 Turbo. It was a great year with the exception of Monza, where Senna ran into trouble when lapping Jean-Louis Schlesser at the chicane and opened up the road for the Alboreto and Berger Ferraris. A year that would be an infinite monologue by the McLaren pair. And one that ended in that stinging verdict in the finale at Suzuka, where Ayrton climbed back up the field and won to assure himself of his first much deserved world championship for which he had yearned so much.
There is not much to say about the Grand Prix of San Marino at Imola.
Ready, steady, go and poleman Magic took the lead, followed by Prost. And that's how the race ended, with Nelson Piquet third in a Lotus-Honda a whole lap down, humiliated at having been

all'attivo tra *La Gazzetta dello Sport* e *Rai*, in una militanza autorevole e appassionata che sfiora il mezzo secolo, divisa affettivamente tra auto e moto, l'altro suo grande amore.
Parlare con lui di Senna, è come aprire una pagina calda e seppiata dell'album di famiglia.
«Ayrton era uno intelligente, ricorda Pino con ammirazione. Ci potevi anche litigare, ma era bello e stimolante avere un rapporto con lui. Certo, la simpatia era un'altra cosa, lui aveva il fascino dell'uomo che sa usare la testa. Sempre. Ascoltava la domanda concentratissimo, ci pensava un attimo e la risposta che dava non era mai banale. Proprio nel 1988 la Honda aveva diffuso un prontuario per i suoi sottoposti con le cento risposte consigliate da fornire alle domande della stampa. Ecco, penso che Ayrton fosse uno dei pochissimi che non aveva né il bisogno né la voglia di seguirlo. Perché lui sapeva ragionare, interloquire, elaborare pensieri creativi: con lui dialogare era sempre una sorpresa, un flusso di concetti ricco di spunti arricchenti».

Okay, Pino, comunque diciamola tutta: nell'intimo non è che tu fossi senniano dichiarato.

«No, no, io ero prostiano, un po' perché Alain era arrivato in F1 prima e avevo fatto in tempo a conoscerlo bene, un po' perché il francese a sua volta incarnava bene il connubio tra capacità di guida e intelligenza pura, quindi per anagrafe e formazione lo sentivo vicino».

E questo con Senna non era certo un bel lasciapassare, specie quando di Prost divenne, appunto dal 1988, compagno e rivale, in seno alla McLaren...

«Senna era un assolutista. O eri con lui o contro di lui.

---

lapped by Senna. That 1 May 1988 on the banks of the Santerno a new era began, the reign of Ayrton Senna.
That day Pino Allievi, one of the most highly respected motor sport correspondents, was there. He has attended over 500 GPs in his work for Italy's Gazzetta dello Sport and RAI television, in a passionate and influential militancy of almost 50 years, divided between racing cars and motorcycles, his other great love.
Speaking of Senna to him is like opening up a new sepia-coloured page of the family album.
"Ayrton was intelligent", recalls Pino with admiration. "We would argue, but it was pleasant and stimulating to have a relationship with him. However, the liking was something else, because he had the fascination of a man who knew how to use his head. Always. He listened to a question with tremendous concentration, thought for a moment and the reply he gave was never boring. It was in 1988 that Honda sent out a manual of 100 answers that they advised the team to give to the press. I think Ayrton was one of the few who didn't need or desire to fall into line with that manual. He knew how to reason, interpret and elaborate on his creative thought: talking with him was always a surprise, a flow of concepts packed with interesting points".

OK, Pino, tell us all: were you a declared Sennaite within yourself?

"No, no I was a Prostite, partly because Alain came to Formula 1 first and I had the time to get to know him well, and partly because the Frenchman was certainly a combination of driving ability with pure intelligence, so in personal terms and education I felt close to him".

Anno nuovo, vita nuova. Nel 1988, alla McLaren Ayrton trova come compagno di squadra il campione francese Alain Prost, e si cala a bordo di una monoposto, la Mp4/4 che, nel corso del Campionato, si rivelerà un'arma totale, imbattibile. A salutare Ayrton ai box di Imola va anche il "campionissimo" di sci Alberto Tomba che proprio nella stagione 1988 fa "faville" alle Olimpiadi così come in Coppa del mondo.

New year, new life. In 1988, Ayrton joined McLaren as the teammate of the French champion Alain Prost and found himself driving a car, the MP4/4 that proved to be unbeatable over the course of the championship. The great Italian skier Alberto Tomba, who in 1988 was to cause a sensation at the Winter Olympics and the World Cup, also went to the pits at Imola to salute Ayrton.

HONDA
Marlboro
NACIONAL
BOSS
MEN'S FASHION
Marlboro

Malgrado avessi le mie idee e le mie preferenze, mi sono sempre sforzato di essere obiettivo e di mantenermi il più distaccato possibile. Questo non mi è riuscito solo nei confronti di Tambay e Lauda, due piloti-personaggi che sinceramente ho apprezzato sopra tutti gli altri».

Tornando a Ayrton, come viveva e vedeva il circuito di Imola?

«Adesso è facile dire che lui amasse Imola. In verità penso che non gli interessasse più di tanto dove correva: per lui tutti i circuiti assegnavano nove punti per la vittoria, quindi non gli cambiava granché. Eppure, sottopelle, c'era qualcosa che lo legava a Imola e all'Italia. Una volta mi prese da una parte e disse che mi avrebbe confidato una cosa in gran segreto, a patto che io non la scrivessi. Okay – risposi –, dimmi pure. "Una mia nonna era italiana purosangue. Veniva da Napoli". Ecco, pochi lo sanno, ma Ayrton sapeva custodire in modo molto intimo la sua, chiamiamola così, italianità».

Anche dal punto di vista temperamentale, intendi.

«Sì, soprattutto. Lui in certi momenti sapeva essere molto latino, dimostrativo, ecco, scherzando direi "terrone", usando il termine in senso caldo e positivo, relativo alla fluvialità nell'espressione dei sentimenti. Pensa solo a quell'ultimo dialogo televisivo in diretta con Prost a Imola 1994, quando lui gli dice "mi manchi". Non era una frase ruffiana, no, no di certo, piuttosto esprimeva la consapevolezza del fatto che col ritiro di Prost lui aveva perso l'avversario archetipico nel Circus e che ormai per certi versi si sentiva più solo. In definitiva credo che Ayrton, tornando all'argomento principale, si sentisse molto italiano, ma senza ammetterlo apertamente».

That certainly wasn't a passport to Senna, especially when Prost became his teammate and rival at McLaren in 1988.

"Senna was an authoritarian. Either you were with him or you were against him. Despite having my own ideas and preferences, I always forced myself to be objective and to stay detached as much as possible. I was unable to do that with Patrick Tambay and Niki Lauda, two driver-personalities that I sincerely liked above all the others".

Returning to Ayrton, how did he see and react to the Imola circuit?

"Now, it's easy to say he loved Imola. The truth be known, I don't think it interested him all that much where he raced: to him, all the circuits presented him with nine points towards a championship victory, so they didn't change him very much at all. Yet deep within, there was something that bound him to Imola and to Italy. On one occasion, he took me aside and said he would confide a major secret in me, provided I didn't write anything about it. 'OK', I replied, 'let's hear it'. 'One of my grandmothers was a thoroughbred Italian. She came from Naples.' Not many people know that, but Ayrton knew how to keep his, let's say Italianism, in a very intimate way".

Do you mean also from the temperamental point of view?

"Yes, more than anything else. At certain moments, he knew how to be very Latin, demonstrative; jokingly I would call him a 'terrone' (a person from the south of Italy), using the term in a positive sense relative to the flow in his expression of sentiments. Just think about that last live television dialogue with Prost at Imola in 1994, when he said 'I miss you'. They weren't loaded words, certainly not.

Lo sguardo serio e determinato lascia presagire una stagione intensa durante la quale Ayrton avrà proprio nel suo compagno di squadra Prost il principale avversario.

The serious, determined gaze says it all about an intense season in which Ayrton's principal adversary was his own teammate Alain Prost.

GOODYEAR
Shell
BOSS
MEN'S FASHION
Marlboro
McLAREN INTERNATIONAL
HONDA

E la pista di Imola cosa ti suscita, a ripensarla nei suoi più intensi "Magic moments"?

«La consapevolezza che per la F1 fosse un appuntamento e un luogo del tutto speciali. Più che lo stadio Maracanà per il calcio, perché all'Enzo e Dino Ferrari la folla era vicina, sapeva e poteva abbracciare i piloti, in gara e non. Era tutta una città ad alimentare, attimo dopo attimo, il fuoco del Circus, all'interno di una pista da pelo, dotata, se mi passi il termine, della giusta dose di pericolo, vedi l'incidente di Villeneuve nel Gran Premio d'Italia 1980, e di fascino.

Una volta Tambay mi confidò che nel 1983, l'anno della sua vittoria, per caricarsi positivamente e gustare fino in fondo quel clima mistico di passione laica per le corse, aveva compiuto a piedi, camuffato da tifoso Ferrari, il percorso dall'Hotel Olimpia nel quale alloggiava, alla pista. Pista la quale, poche ore dopo, sarebbe letteralmente esplosa di tifo alla bandiera a scacchi che lo vide vincitore, al volante della Ferrari».

Quali sono i tuoi ultimi ricordi di Senna nel tragico week-end del Gran Premio di San Marino 1994?

«Sono relativi proprio al discorso della cosiddetta italianità di Ayrton e della sua positività. Per esempio, il giovedì, si recò in Veneto, per presentare una bici di Carraro alla quale aveva dato il nome. Insomma lui, nonostante tutta la pressione che aveva addosso, andò lì».

Sì, certo, passò un pomeriggio col collega Beppe Donazzan...

«Ecco, io invece per impegni non avevo potuto essere presente, allora lui, subito dopo, appena mi incontrò a Imola, mi chiese il motivo della mia assenza e si mostrò quasi rammaricato. Poi mi

1988

Instead, they expressed his knowledge of the fact that, with Prost's retirement, he had lost an archetypal adversary in the circus and by then for some reason, he felt more alone. Returning to the main discussion, I definitely believe that Ayrton really felt very Italian, but without openly admitting it".

And what does the Imola circuit arouse in you, thinking about it again in some of it's more intense "Magic Moments"?

"The knowledge that, to Formula 1, it was a race and place that was very special. More than the Maracanà stadium to football, because the crowd was close to Enzo and Dino Ferrari. They knew they could embrace the drivers, whether they were racing or not. It was a whole city that fed the fire of the circus at every moment inside a hairy track with, if you'll allow me the term, the right dosage of danger. Consider, for instance, the Gilles Villeneuve accident at the 1980 Grand Prix of Italy; it's fascinating.

"In 1983, the year he won there, Tambay confided in me that, to charge himself positively and enjoy that mythical Imola atmosphere of passion for motor racing to the full, he disguised himself as a Ferrari fan and walked from the Hotel Olimpia, where he was staying, to the track. And there, a few hours later, the enthusiasm of the fans would explode when they saw chequered flag say Patrick was the winner at the wheel of a Ferrari".

What are your last memories of Senna during that tragic weekend of the 1994 Grand Prix of San Marino?

"They concerned the discussion of the so-called Italianità of Ayrton and his positiveness. For example, on the Thursday he went to Veneto to present a Carraro bike, to which he had given the name. He went despite all the pressure he was under during race weekend".

La prima fila del Gran Premio di Imola 1988 è tutta McLaren con Ayrton immancabilmente "al palo" (1'27"148) e Prost, secondo, a pochi centesimi (1'27"919). Gli altri, semplicemente, non esistono se si pensa che Piquet, terzo, ha fatto segnare 1'30"500... un'eternità.

The front row at the Imola GP in 1988 was an all-McLaren affair with Ayrton of course on pole (1.27.148) and Prost second, a few hundredths behind (1.27.919). The others were simply nowhere to be seen, with Piquet, third, recording 1.30.500, an eternity rather than a gap.

Marlboro
Marlboro
POWERED by
HONDA
Marlboro
BOSS
Senna
12
HONDA
Shell
Shell

Senna
BOSS
Marlboro
Shell
GOODYEAR
12

disse di aspettare un secondo, poco dopo tornò con la cartella stampa che illustrava l'evento e me la diede. Ecco, era attentissimo, un vero perfezionista. Ma il ricordo bello, col quale voglio concludere questo ritratto di Ayrton – chiosa Pino –, risale alla sera del giovedì, quando a Imola organizzammo un'ulteriore edizione del premio "Ezio Pirazzini da vivo". In quell'occasione la stampa specializzata si ritrovava quasi per gioco, mettendo all'asta memorabilia del mondo della F1, a scopo benefico. Ebbene, ancora una volta Ayrton non si tirò indietro e donò un paio delle sue scarpe da corsa, che impreziosirono e resero ancora più speciale la serata».

Poi purtroppo tutto cambiò...

«Quella mattina, quando mi dette la cartella, lo vidi indifeso, intenso, umano. Pervaso da una sorta di premonizione. Avvertivi dal precedente gran premio giapponese di Aida che lui non era più lo stesso. Tant'è che dissi e scrissi, anche se si tratta di una sensazione molto personale, che Ayrton era arrivato a Imola con la morte in tasca».

Al quinto tentativo Ayrton riesce finalmente a saggiare il gradino più alto del podio, davanti a Prost e Piquet. La copertina di *Autosprint* è... a pieno titolo tutta per il brasiliano.

On his fifth attempt, Ayrton finally made it to the top step of the podium, ahead of Prost and Piquet. The cover of Autosprint is... deservedly dedicated to the Brazilian.

1988

Sure, he spent the afternoon with colleague Beppe Donazzan...

"Yes, but I had commitments and couldn't be there, so immediately afterwards, when we met up again at Imola, he asked me why I wasn't there and he was almost disheartened. Then he asked me to wait for a second and soon afterwards he came back with a press kit that illustrated the event and gave it to me. You see, he was highly attentive, a real perfectionist. But the really nice recollection with which I would like to conclude this portrait of Ayrton", remarked Pino, "goes back to the Thursday evening, when we organised another "Ezio Pirazzini Live" prize at Imola. On that occasion, the motor sport press met almost for fun, auctioning memorabilia from the world of F1 for charity. Once again, Ayrton didn't hold back. He donated a pair of his racing shoes, which greatly enhanced that special evening and made it more special".

Unfortunately everything changed...

"When he gave me the press kit, I noticed he seemed a defenceless, intense, human. A sort of premonition pervaded him. I had noticed that, from the previous Grand Prix of Japan at Aida, he was no longer the same person. So much so that I said and wrote that Ayrton arrived at Imola with death in his pocket, even if it was a very personal feeling".

CHAMPIONSHIP
DI SAN MARINO
Kronenbourg
Marlboro
World Championship Team
Shell
BOSS
HONDA

Anno 1989, quando il Santerno diventa Rubicone. Perché Senna, varcandolo stile Giulio Cesare, scatena la guerra con un'infilata alla Tosa, nel bel mezzo del Gran Premio di San Marino: la contraccambiata lotta aperta contro Prost, compagno alla McLaren.

In qualifica "Magic" va in pole con due decimi sul rivale e al via scatta deciso. Ma all'inizio del quarto giro il ferrarista Berger è protagonista di un incidente spettacolare al Tamburello, con le fiamme prontamente domate dagli addetti antincendio, i "Leoni" della CEA.

Gara stoppata, pilota salvo, quaranta minuti di pausa e, al restart, Prost brucia il brasiliano che però risponde aggressivo e torna al comando, sopravanzandolo alla Tosa. In realtà i due avevano stabilito di non superarsi in quella sezione nel corso dell'inizio gara e questo si trasforma nel casus belli per far divampare un duello ormai palese, che diverrà dialetticamente e agonisticamente nucleare. Il resto della corsa vede Alain – malgrado il box McLaren indichi di mantenere le posizioni – trafelato all'inseguimento di Ayrton, fino a che un testacoda alla Variante Bassa, subito dopo aver fatto segnare il giro più veloce, lo riduce a più miti consigli.

Senna coglie la seconda vittoria consecutiva a Imola, davanti al furibondo Prost e a Nannini su Benetton. I tre saranno poi protagonisti anche nella decisiva corsa a Suzuka, in Giappone, quando l'italiano vince per la squalifica di

1989

LA ROTTURA CON ALAIN

CESARE MARIA MANNUCCI

THE BREAK WITH ALAIN

It was 1989 when the Santerno became the Rubicone. Because Senna, passing like Julius Caesar, sparked off a war by pushing in at Tosa half way through the Grand Prix of San Marino: Prost's payback in Senna's open war against the Professor, his McLaren teammate.

In qualifying, Magic took pole again, two tenths quicker than his in-team rival, and started decisively. But, at the start of the fourth lap Gerhard Berger and his Ferrari had a spectacular accident at Tamburello, with flash flames quickly engulfing the car, soon extinguished by men of the "Leoni" CEA fire service.

The race was stopped and the Austrian was safely extracted from the blaze, all of which took 40 minutes. At the restart Prost burnt the Brazilian, but Ayrton responded aggressively and retook the lead, overtaking at Tosa. But the two had agreed before the race not to overtake each other there at the start of the race and that transformed the situation into a declaration of war which, in turn, created an obvious duel that was nuclear dialectically and combat-wise. Despite pit signals ordering the two to maintain positions, the rest of the race saw Alain panting for breath as he chased Ayrton until a spin at the Variante Bassa except that, immediately afterwards, he put up the fastest lap and made him see reason.

Senna scored his second Imola victory in succession ahead of a furious Prost with Alessandro Nan-

Senna, entrato in collisione con Prost alla chicane e poi autore, a dire della Fia, di un sanzionabile taglio di chicane.
Polemiche a non finire, titolo a Prost e lotta dura tra il Presidente Balestre e Ayrton, nell'inverno successivo, con tanto di momentaneo ritiro della Superlicenza per l'amareggiato "Magic".
A parlare della beffa di Imola 1989, di Senna e della rivalità con Prost è uno degli inviati più accreditati della F1, Cesare Maria Mannucci, classe 1959, autore del libro "Ayrton", da oltre trent'anni griffe di *Autosprint* e da quattro decadi in prima linea sui circuiti di tutto il mondo, dai gran premi alla Formula Indy passando per l'endurance e quant'altro.
«Vorrei collocare Imola '89 nel suo reale contesto – puntualizza Mannucci. Nella lotta tra Senna e Prost segnò apparentemente l'inizio del conflitto aperto, ma di fatto non è vero, perché tra i due fu lotta fin dal primo momento. Da quel giorno di fine stagione 1987, quando, in un albergo presso il Parco Reale di Monza, fu annunciato che dall'anno dopo i due avrebbero corso insieme alla McLaren, la tensione era già palpabile e i sorrisi tirati. E la sfida era già in atto, sottotraccia, nel primo test McLaren a Imola. E fu così per tutto il 1988. Ma attenzione: al primo anno col regolamento che calmierava la pressione del turbo a 2,5 atmosfere, con la Honda che aveva realizzato un motore apposito a corsa corta e il fattore consumo che era diventato secondario, Senna poteva guidare più libero e Prost di fatto era quasi fregato. Tanto che in qualifica il brasiliano lo demoliva, mentre in gara la partita era ancora giocabile. Col ritorno del motore aspirato, nel 1989 la situazione fu azzerata e la lotta s'inasprì, certo, ma tra i due c'era sempre stata. In definitiva,

1989

nini third in a Benetton. The three of them would also star in the decisive GP at Suzuka in Japan, where the Italian won due to Senna's disqualification. Ayrton had collided with Prost at the chicane and then, according to the FIA, broke the rules and cut the chicane. Never ending controversy followed. The world title went to Prost, after which there was a mighty battle between Ayrton and Jean-Marie Balestre, the president of FIA, throughout the following winter, when the embittered Magic's superlicence was withdrawn.
Talking about the muscling in at Imola in 1989, of Senna and his rivalry with Prost, is one of the most prominent Formula 1 correspondents, Cesare Maria Mannucci. Born in 1959 and the author of the book "Ayrton", he has been a contributor to Autosprint for over 30 years and for four decades has been in the front line at the world's circuits, from Grands Prix to Formula Indy, endurance and much more.
"I would like to put Imola in it's real context", remarked Mannucci. "In the battle between Senna and Prost I pointed out the beginning of the open conflict, but it wasn't actually true, because there was war between them right from the first moment. From that day at the end of the 1987 season, when it was announced by McLaren at a hotel near the Parco Reale of Monza that the two of them would be 'teammates'. The tension at the time was palpable and the smiles tense. The challenge was already on under the surface in the first McLaren test at Imola. And it was like that for the whole of 1988. But wait a minute: during the first year with the regulation that reduced turbo pressure to 2.5 atmospheres, Honda had developed a short stroke engine and fuel consumption had become

Squadra che vince... non si cambia. Lo sanno bene in McLaren che anche per il 1989 è il team da battere forte del fresco iridato Senna e dell'ormai consolidato Prost.

You don't change a winning team... McLaren hardly needed telling and in 1989 the team to beat was again the newly crowned champion Senna and the ever dangerous Prost.

Marlboro
COURTAULDS
COURTAULDS
TAG HEUER
Marlboro
HONDA
1
Shell
Shell

Imola 1989 fu come l'attentato di Sarajevo che scatenò la Prima Guerra mondiale: un casus belli, un pretesto che sancì l'inizio ufficiale di un conflitto i cui moventi erano già pronti, maturi e già in atto da tempo. E comunque voglio anche aggiungere che non mi è mai piaciuta la figura quasi caricaturale del cattivone a ogni costo affibbiata a Prost, decisamente esagerata».

Ayrton sperimentò quanto possa essere pericoloso un compagno fortissimo e astuto.

«Sì, alla Toleman, nel 1984, e alla Lotus, dal 1985 al 1987 non aveva avuto problemi, mentre nel biennio 1988-1989, sommato al 1990, col francese alla Ferrari, il confronto con Prost divenne centrale, per la sua carriera e per la F1».

Spiegami come voi inviati vivevate l'infuocata rivalità.

«C'erano due blocchi. Quello numeroso e potente dei giornalisti francesi, con Johnny Rives in testa e tanti altri che ruotavano in quel giro. Costoro erano fissi su Prost, quasi per tutto il tempo. Quindi c'erano i senniani, in netta minoranza. Senna aveva meno corte giornalistica, ma era più amato dalla gente».

E tu come ti collocavi?

«Ero il solo non brasiliano del Circus a parlare con Ayrton nella sua lingua madre e questo mi facilitava. Nel 1985, quando arrivò alla Lotus, non si fidava del fatto che fossi buon amico del suo compagno di squadra Elio De Angelis, ma ben presto capì che la sua diffidenza era immotivata. Per il resto con Ayrton non ho mai litigato, sforzandomi di non parteggiare né per lui né per Prost – in vita mia ho tifato solo per Chris Amon quando ero da ragazzo –, e di essere obiettivo.

---

secondary. Senna was able to drive more freely and Prost, actually, was almost screwed. So much so that in qualifying the Brazilian demolished him, but in the race he still had a chance. With the return of the normally aspirated engine in 1989, the situation was zeroed and the battle became more bitter, certainly, but it had always been like that between those two. Really, the 1989 Imola was like the shooting at Sarajevo that sparked off the First World War. Their version of a declaration of war, an exercise that sanctioned the official start of a conflict, the reasons for which were already defined, mature and had been taking place for some time. Anyway, I'd like to add that I never liked the almost caricature of an image attributed to Prost as the really bad guy, which was decidedly exaggerated".

Ayrton experimented with just how dangerous an astute and successful teammate could be.

"Yes, at Toleman in 1984 and at Lotus from 1985 to 1987 he had no problems, but in the 1988 and 1989 seasons, together with 1990, when the Frenchman was at Ferrari, the confrontation with Prost became the central point of his F1 career".

Can you tell me how you correspondents lived through that blazing rivalry?

"There were two groups. The most numerous and powerful of the French journalists, with Johnny Rives at the top of the list, and many others who were in that clan. They were fixed on Prost almost all of the time. Then there were the Sennaites, who were considerably fewer. Senna had a smaller journalistic 'court', but he was much more loved by the people".

And you, where were you in all this?

"I was the only non-Brazilian in the circus to speak to Ayrton in his own language and that made

Guarda lontano Ayrton dall'alto della sua quinta pole position consecutiva a Imola, centrata ancora una volta davanti al compagno di squadra Prost. Ma la corsa sarà ben presto fermata per il terribile incidente della Ferrari di Berger al Tamburello. La ripartenza segnerà l'inizio del dissidio fra Senna e Prost, un dissidio destinato a protrarsi per tutto il Mondiale... e non solo.

Ayrton has a distant gaze from his fifth consecutive pole position at Imola, once again pushing his teammate Prost back into second place. The race was, however soon stopped after Berger's terrible accident at the Tamburello corner. The restart was marked by the tension between Senna and Prost, tension that was to be maintained throughout the championship and beyond...

Marlboro
HONDA
Marlboro
1
Shell
Shell

BOSS
Marlboro
COURTAULD
Marlboro
POWERED by HONDA
Shell
GOODYEAR

Questo non mi ha impedito di dire le cose in faccia a entrambi, per esempio di far sapere ad Ayrton che l'incidente al Portier, a Montecarlo 1988, era dovuto a un suo errore, a dispetto delle scuse che il suo entourage, andando contro perfino le intenzioni dello stesso Senna, provava ad accampare nel dopo-gara».

Che Ayrton ti ritenesse un giornalista di cui tenere conto, lo dimostra il fatto che fosti invitato nel suo buen retiro brasiliano di Angra dos Reis mentre impazzava la polemica tra lui e Balestre, a inizio 1990.

«Guarda, a differenza di molti che gli si avvicinavano specie per circuirlo e chiedergli prebende, io ho sempre badato a fare il mio mestiere, ero un battitore libero, per questo penso mi stimasse, era come se m'avesse dato la password per avere libero accesso a lui. In quel tempo ero fidanzato con una brasiliana, Denise, e questo ai suoi occhi mi rendeva più simpatico, tanto che mi chiedeva spesso di lei».

Qual era l'attitudine di Senna verso Imola, sia come location che come circuito?

«Be', dal punto di vista dell'ambiente, Ayrton a Imola era come se si muovesse con tre incudini legate al collo, tanta era la pressione della gente, col paddock pieno di infiltrati e un'attenzione da parte del pubblico quasi asfissiante, perfino maggiore a quella della gara casalinga di Interlagos, dove lui invece si isolava completamente, come un monarca, caricandosi il suo Paese sulle spalle e vivendo il week-end brasiliano da eroe nazionale.

A Imola no. A Imola Ayrton era un divo amato, che tutti volevano vedere e toccare. Quanto al

---

things easier for me. In 1985, when he joined Lotus, he didn't trust the fact that I was a good friend of his teammate Elio De Angelis, but he soon understood there was no reason for his diffidence. And I never argued with Ayrton, forcing myself to be objective and not side with either him or Prost. All my life I have only cheered for one driver and that was Chris Amon when I was a lad. That never stopped me from saying things to their faces; for example, to let Ayrton know that the 1988 accident at Portier in Monte Carlo was his fault, despite the excuses that his entourage tried to get people to believe after the race, even going against the intentions of Senna himself".

That Ayrton considered you a journalist to take into account is shown by the fact that you were invited to his 'Brazilian buen retiro' of Angra dos Reis while in early 1990 relations between him and Balestre were going haywire.

"Look, unlike many others who went to him, especially to get around him and ask him for quotes, I have always tried to do my job. I was a freelance and I believe he respected me for that. It was like he had given me the password that meant I had free access to him. At the time I was engaged to Denise, a Brazilian girl, and in his eyes that made me more simpatico, to the point that he often asked how she was".

What was Senna's attitude towards Imola as a location and circuit?

"Well from the environment point of view of Ayrton at Imola, it was like he moved with three anvils around his neck, so much was the pressure from the people, with the paddock full of infiltrators and an almost suffocating attention from the public. All that was even greater than at his home race at

Al secondo via Prost va al comando ma Senna lo ripassa alla Tosa violando gli accordi presi in squadra prima della nuova partenza. Fra i due è guerra.

At the second start Prost took the lead, but Senna repassed him at the Tosa corner, breaking the previously agreed team orders. War had been declared between the two.

HONDA
1
Shell

circuito, gli piaceva molto, anche se, essendo amante del piacere della guida pura e poco incline a godersi chicane e varianti, apprezzava la pista ma la stimava ancora di più nella sua configurazione originaria».

Cosa pensi sinceramente del terribile week-end di Imola 1994?

«La fortuna impedì più gravi conseguenze negli incidenti di Barrichello in prova, Lamy e Lehto al via e Alboreto durante il pit-stop. Per il resto, per una volta in vita mia, faccio il vigile: visto che Ratzenberger in qualifica era morto sul colpo, bisognava andare per legge, far sequestrare la pista e non disputare il gran premio la domenica. Ecco, col senno di poi, mi spiace che le cose non siano andate così. Tra l'altro, a sfatare un'altra credenza ufficiale, colpiscono anche le recenti rivelazioni di Betise Assumpcao, l'addetta stampa personale di Senna, in occasione del ventennale della scomparsa del campione brasiliano. Ebbene, Betise riporta chiaramente che Ecclestone – prima che si alzasse l'elicottero per condurre Senna in ospedale – aveva confidato a lei e Leonardo, il fratello di Senna, che Ayrton era già spirato. Bernie usò inequivocabilmente la parola inglese "dead", ossia è morto, mentre Leonardo capì "head", testa, cioè che Ayrton fosse ferito alla testa e la stessa Betise dovette spiegare al ragazzo qual era invece la tragica realtà. Insomma, ancora oggi, ripensandoci, si prova una sensazione sgradevole e il dispiacere dato dal fatto che quell'evento più che ineluttabile poteva essere evitabile».

Prost incollato agli scarichi di Senna. È l'immagine più ricorrente del Gran Premio di San Marino del 1989 che per il secondo anno consecutivo si conclude con Ayrton vittorioso ma tirato in volto per i prodromi di una lotta con Alain che non avrà fine.
La cover di *Autosprint*, ovvio è tutta per il terribile rogo dal quale Berger esce miracolosamente salvo.

Prost glued to Senna's exhausts. This is the recurrent image from the San Marino GP of 1989 which for the second year running finished with Ayrton victorious but visibly drained from the never ending struggle with Alain.
The cover of Autosprint was of course dedicated to the blazing accident that Berger miraculously survived.

1989

Interlagos, Brazil. There, he isolated himself completely, like a monarch loading his country onto his back and living the Brazilian weekend as a national hero. Ayrton was a beloved star at Imola, the one everybody wanted to see and touch. And the circuit? He liked it a lot, but he wasn't too inclined to enjoy the chicanes and variants, being a lover of the pleasure of pure driving. He appreciated the track but respected it even more in its original configuration".

Sincerely, what do you think of that terrible weekend at Imola in 1994?

"Luck prevented more serious consequences in the Rubens Barrichello, Pedro Lamy and J.J. Lehto practice accident at the start, and Michele Alboreto during a pit stop. For the rest, for once in my life I'll play the policeman. Roland Ratzenberger was killed instantly in qualifying, so by law the circuit had to be sequestered and the grand prix should not have been held on the Sunday. So with the benefit of hindsight, I'm sorry that didn't happen. Among other things, Senna's personal press officer, Betise Assumpcao, made a revelation on the 20th anniversary of his death. She said quite clearly that, before the helicopter took off to take Senna to hospital, Bernie Ecclestone confided in her and Senna's brother Leonardo that Ayrton was already dead. Bernie used unequivocally the word "dead", but Leonardo understood the word "head"; that Ayrton had a head injury and Betise had to explain the tragic reality of the situation to the lad. Thinking about it again now, even today, one feels an unpleasant sensation and displeasure from the fact that that inevitable event could have been avoided".

Kronen
GRAN
ULA 1
RLD
ONSHIP
Shell
BOSS
HONDA
Marlboro
McLAREN INTERNATIONAL
NACIONAL

Marlboro
Marlboro

Il 1990 è l'anno della partecipazione lampo di Senna al Gran Premio di San Marino. All'interno di una stagione, al contrario, lunghissima e intensissima, caratterizzata dallo sfiancante duello con la Ferrari di Prost, che terminerà solo alla prima curva del penultimo gran premio, a Suzuka, in un incidente fortemente e vendicativamente voluto da Ayrton. Un crash ancora una volta controverso e velenoso, che gli consegnerà il secondo e comunque tutt'altro che immeritato titolo mondiale.

Ma a Imola, terzo appuntamento del Mondiale nonché prima gara europea, i giochi sono apertissimi e Ayrton delizia il pubblico con una stordente pole position al volante della McLaren-Honda, che lo vede condividere la prima fila col compagno di squadra Gerhard Berger. Al via è proprio l'austriaco a superarlo. I due al Tamburello sono seguiti da Boutsen, Patrese e Mansell. All'inizio del secondo giro, Ayrton è già in testa, avendo regolato alla Tosa i conti con Gerhard. Sembrerebbe l'inizio della fuga per la vittoria, ma il paulista deve subire la pressione dei tutt'altro che rassegnati Boutsen e Berger, fino a che, al terzo giro, tra la sorpresa generale, Senna è costretto al ritiro per la rottura di un cerchione. Fine dei giochi, in una gara che vedrà vincitore Riccardo Patrese su Williams-Renault.

Eppure il più sfortunato dei protagonisti mancati di quel giorno è un altro. Si chiama Pierluigi Martini e non ha potuto neanche partecipa-

1990

SENNA VS PROST... E FERRARI

Pierluigi Martini

SENNA V PROST... AND FERRARI

The year 1990 was the one of the lightening participation of Ayrton Senna in the Grand Prix of San Marino. But in a season that was extremely long and intense there was a knives drawn duel with Alain Prost's Ferrari. It ended at the first corner of the penultimate grand prix at Suzuka in an accident firmly and vindictively staged by Ayrton. It was another of those controversial, poisonous crashes that gave Senna his second much deserved Formula 1 World Championship.

But at Imola, the third GP of the season and the first in Europe, the game was completely open and Ayrton delighted the spectators with a stunning display to gain the pole position in his McLaren-Honda, dividing the front row of the grid with his teammate Gerhard Berger. It was the Austrian who overtook Senna. Going into Tamburello the two were followed by Thierry Boutsen, Riccardo Patrese and Nigel Mansell. But at the beginning of the second lap Ayrton was already in the lead, having got the better of Gerhard at Tosa. It seemed like the start of the Brazilian's breakaway victory, but instead Ayrton had to take pressure from the feisty Boutsen and Berger until the third lap. Then came the surprise: Senna was forced to retire with a broken rim. Game end in a race eventually won by Patrese in a Williams-Renault.

Yet the unluckiest leading driver who did not compete that day was another. Pierluigi Martini,

Marlboro
Marlboro
Marlboro
Marlboro
Marlboro
HONDA
Shell
GOODYEAR

re alla corsa perché, in prova, la sua Minardi ha avuto un'avaria che lo ha costretto a una disastrosa uscita di pista, nella quale s'è fratturato un malleolo.
Sulla pista di casa, poteva essere la grande occasione per Piero, dopo la stupefacente prima fila conquistata poco tempo prima nel Gran Premio di Phoenix.
Pazienza. Una consolazione per lui, pilota velocissimo, fin troppo sottovalutato e poi pure vincitore della 24 Ore di Le Mans con la Bmw, è anche quella d'essere stato stimato amico di Ayrton Senna, all'interno di un rapporto lungo e profondo.
«Pensa – racconta Martini – i primi approcci con Ayrton non furono molto buoni, anzi. Nel 1983 in F3, a Macao, eravamo rivali, entrambi favoriti per la vittoria e io picchiai con Brundle, mentre lui andò a vincere. Lo incontrai nel dopo gara, ero con mia madre e lei si lasciò scappare una frase che catturò l'attenzione di Ayrton: "Ve', ecco Senna, quello che va forte perché ha le gomme speciali". Lui non rispose, ma la guardò intensamente, come per memorizzare il suo volto. La cosa finì lì. In quella stagione c'eravamo incontrati anche al Paul Ricard per una sessione di selezione della Brabham, ma alla fine, per motivi diversi, Ecclestone non prese nessuno di noi due. Le nostre strade s'incrociarono di nuovo l'anno dopo, il 1984, quando lui alla vigilia del Gran Premio d'Italia a Monza fu appiedato dalla Toleman per una gara e io fui chiamato momentaneamente a prendere il suo posto».

Piero, è un primato che non ti toglierà mai più nessuno: quello di essere il solo chiamato a sostituire Ayrton nell'unica volta in cui fu messo a piedi...

---

and he weren't able to run in that race because his Minardi had a problem in practice and he crashed out disastrously and fractured a malleolus. It could have been a great opportunity for Piero on his home track after the outstanding front row starting position he won at the recent Grand Prix of the USA. The start was a consolation for him, a really fast driver who had won the 24 Hours of Le Mans in a BMW and was a much liked, long-standing friend of Ayrton's.
"Just think", said Pierluigi, "the first approach to Senna wasn't all that good, in fact not good at all. We were F3 rivals at the 1983 Macao and both favourites for the win. I hit Brundle, while Senna went on to win. I met him after the race; I was with my mother and she let a few choice words slip out that captured Ayrton's attention, "Well, here's Senna, the one who goes fast because he has special tyres". He didn't reply, but looked at her intensely as if to memorise her face. That was the end of it, although during that season we also met at Paul Ricard for a Brabham selection session but in the end, for different reasons, Ecclestone didn't recruit either of us. Our paths crossed again a year later, at Monza at the Grand Prix of Italy, where Toleman left him out and I was asked to take his place temporarily".

Piero, being the only one to be asked to take Ayrton's place is something nobody can ever take away from you...

"Look, they chose me because I was supported by the Segafreddo coffee company, but the truth is they gave me flabby engines. I was faster than my teammate Johansson in practice, then I broke the motor at the Parabolica during a good lap in qualifying and nothing could be done: I didn't qualify.

Il 27, numero per antonomasia dell'indimenticabile Gilles Villeneuve, sta ora sul muso della McLaren di Senna che per il 1990 si cala nell'abitacolo della Mp4/5B, più che mai desideroso di riscatto visto l'amaro finale della stagione '89.

The number 27, indelibly associated with Gilles Villeneuve, was now carried by the McLaren of Ayrton Senna who in 1989 lowered himself into the cockpit of the MP4/5B thirsting for revenge after the bitter end to the '89 season.

Marlboro
Senna
BOSS
Marlboro
POWERED by
HONDA
Marlboro
COURTAULDS
Shell
GOODYEAR

HONDA

«Guarda, mi scelsero perché ero appoggiato dalla Segafredo, ma la verità è che mi diedero motori mosci. Nelle libere ero più veloce del mio compagno Johansson, poi in qualifica ruppi il propulsore in Parabolica nel giro buono e non ci fu niente da fare: non qualificato. Quella Toleman era destinata nel 1984 a non partire nei gran premi italiani, non qualificata da Senna a Imola e da me a Monza. Quando incontrai Ayrton, non si dimostrò per niente geloso della sostituzione, tanto che mi rincuorò dicendomi: "Per come è andata, quelli della Toleman hanno badato a non impegnarsi troppo con te, finendo col risparmiare sui costi della gara". Fu più realista del re».

Negli anni tra voi, dicevi, si sviluppò un bel rapporto.

«Sì, quella poca rivalità che c'era all'inizio si era trasformata gradualmente in una bella amicizia. Facevamo footing insieme e mi dava consigli per la mia preparazione atletica. Era una persona riservata, sensibile. Ayrton si mostrava sempre attento a cercare di capire come gira l'economia di un Paese, gli usi e i costumi, aveva una visione globale delle cose, si sforzava di accumulare un'esperienza di vita e una capacità d'analisi tutt'altro che limitate alle corse».

E cosa puoi dire del rapporto di Senna con Imola?

«Svelerò un aspetto che conoscono in pochi. Ayrton a Imola ogni volta soffriva dal punto di vista fisico, perché test e corsa si svolgevano immancabilmente in primavera e lui era allergico al polline e alle graminacee, così appena vedeva quei piumini volteggiare nell'aria si preparava a respirare male e a starnutire. Comunque, nell'edizione 1990, toccò a me patire col malleolo fratturato ma lui, come sempre, si mostrò carino con me».

1990

In 1984, that Toleman never started an Italian grand prix, wasn't qualified by Senna at Imola or by me at Monza. When I met Ayrton, he showed no jealousy of his replacement by me, in fact he warmed my heart saying, 'The way it went, the Toleman people tried not to commit themselves too much to you, ending up saving the cost of the race' He was a realist".

Over the years, good relations developed between you, you said.

"Yes, that minor amount of rivalry that was there at the beginning was gradually transformed into a good friendship. We went jogging together and he gave me advice on my athletic preparation. He was a reserved kind of person, sensitive. Ayrton always tried to work out how the country's economy was going, the use and trends and had a global vision of things. He forced himself to accumulate and experience life and the ability to analyse things that were anything but limited to just racing".

And what can you tell us about Senna's relations with Imola?

"I'll tell you something few people know. Ayrton suffered from the physical point of view at Imola, because the test and race inevitably took place in the spring and he was allergic to pollen and grass. As soon as he saw that cotton grass waiving about in the air he began to breathe badly and sneeze. Anyway, it was my turn not to qualify for the race in 1990 due to the fracture, but he was very good to me, as always".

Were there other moments of friendship between you?

"I'll say. I haven't even told you the best of it yet. In 1993, during a private test in preparation for the Grand Prix of San Marino, he even slept at my house at Lavezzola in the province of Ravenna

Mentre Mansell, sulla Ferrari del 1989, la fa da padrone sulla pubblicistica del Gran Premio di San Marino 1990, Ayrton fa altrettanto in pista siglando l'immancabile pole-position (1'23"220) davanti al nuovo compagno di squadra Gerhard Berger che così riscatta la sua tragica Imola dell'anno prima.

While Mansell in the 1989 Ferrari dominated the advertising for the 1990 San Marino GP, Ayrton did the same on the track setting his inevitable pole position time (1.23.220) ahead of his new teammate Gerhard Berger who thus showed he was suffering no after-effects from the previous year's crash at Imola.

Marlboro
WORLD CHAMPIONSHIP TEAM
Marlboro
WORLD CHAMPIONSHIP TEAM
Marlboro
WORLD CHAMPIONSHIP TEAM
Senna
BOSS
Marlboro
POWERED by
HONDA
Marlboro
COURTAULDS
Shell
27
Marlboro
Marlboro
McLaren
INTERNATIONAL
Shell
27

Ci sono stati altri episodi di amicizia tra voi?

«Altroché, il bello non te l'ho ancora detto. Nel 1993, in occasione dei test privati in preparazione del Gran Premio di San Marino, venne perfino a dormire a casa mia, a Lavezzola, in provincia di Ravenna, non lontano dal circuito. Lì mi resi conto di quanto era per lui importante la memoria emotiva. Anzitutto mi chiese se per caso abitava da quelle parti Roberto Giugni, un pilota del quale era stato rivale ai tempi del kart e che stimava molto. Quindi, una volta arrivati a casa, incontrò mia madre e per lui fu come un flash... La guardò, aspettò a salutarla e poi disse: "Ehi, ehi, ma questa è la signora che mi accusava di avere gomme speciali!". Scoppiammo tutti a ridere... Ricordava perfettamente l'episodio di Macao di dieci anni prima!

La mattina dopo ci ritrovammo e lo vidi assonnato. Gli chiesi come mai e lui disse che un uccello aveva cantato tutta notte, tenendolo sveglio. Okay – gli risposi – lo farò sopprimere! E ridemmo di nuovo. Al ritorno eravamo su due macchine diverse, Ayrton era a bordo di un'Alfa Romeo 33 ed era terrorizzato dall'idea di perdermi per strada, perché ai tempi non avevamo mica il tomtom. Così a uno stop, per starmi dietro, per poco non si fa investire, tanto era il suo timore che lo seminassi. Alla fine mi disse che era stata la volta in cui lo avevo messo più in difficoltà sull'asfalto. Tutto questo per dire quanto fosse simpatico, quando aveva le buone».

Cosa ti ha colpito del suo ultimo periodo?

«Per un motivo o per l'altro, negli ultimi due anni alla McLaren e nella breve parte di stagione con la Williams, nel 1994, era insoddisfatto e incazzato, perché non aveva per le mani monoposto in

as it wasn't far from the circuit. That's when I realised how important the emotive memory was to him. First of all, he asked whether Roberto Giugni lived in my area, one of his kart rivals who he respected a lot. Then, once we arrived at my place, he met my mother and to him it was like a flash of lightening. He looked at her, waited to say hello and then said, 'Hey, this is the lady who accused me of having special tyres'. We all laughed out loud. He remembered that episode at Macao very clearly.

"The following morning we met up again and he looked sleepy. I asked him why that was and he said a bird had whistled throughout the night and kept him awake. OK, I replied, I'll get him to stop it. And we laughed again. On the return, we had two different cars, Ayrton an Alfa Romeo 33; he was terrified of losing me on the road, because there was no satellite navigation in those days. At one stop he nearly had an accident to try and stay behind me, he was so worried he'd lose me. In the end he said that was the time when I made things the most difficult for him on asphalt! All this to say just how pleasant he was when he was in a good mood".

What impressed you most about his last period?

"For one reason or another, in his last two years with McLaren and the few races with Williams in 1994, he was dissatisfied because he didn't have a car with which he could win without problems. But for the rest, he was always at ease at Imola, because when you boil it down he considered Italy his second home and he liked the Santerno track a great deal. So much so that he once said how nice it would have been to race on it in it's original configuration, before the safety modifications took much of the challenge out of it".

Pronti... via e Berger ha la meglio sul compagno di squadra che, ben presto, sarà costretto alla resa per problemi ad una gomma. La corsa di Ayrton è già finita.

Ready, set... go and Berger gets the better of his teammate who soon had to surrender to problems with a tyre. Ayrton's race was already over.

FIAT TIPO
FIAT TEMPRA
LONGINES
FERODO

Marlboro

Marlboro
NACIONAL

grado di metterlo in condizione di vincere senza problemi. Ma per il resto, nelle trasferte imolesi, era sempre a suo agio, perché in fondo considerava l'Italia la sua seconda patria e la pista del Santerno gli piaceva molto. Tanto che a volte si chiedeva quanto sarebbe stato bello correrci nella sua configurazione originaria, prima che le modifiche in nome della sicurezza attenuassero la sfida allo stato puro».

Qual è il tuo ultimo ricordo di Ayrton?

«Risale alla mattina di domenica 1 maggio, il suo ultimo giorno, quando lo incontrai per caso al paddock. Mi spiegò che aveva avuto problemi con le autorità perché aveva deciso di sua spontanea volontà un sopralluogo alla Villeneuve, a seguito dell'incidente mortale di Roland Ratzenberger. Era piuttosto turbato, non era affatto tranquillo per tutto quello che era successo, ma andava di fretta e si limitò a dirmi: "Piero, ne dobbiamo parlare". È stata l'ultima volta che ho avuto a che fare con lui».

Dopo Imola, il Mondiale 1990 è un lungo testa a testa fra Senna e Prost, frattanto passato alla Ferrari, che si concluderà in Giappone a favore del brasiliano con un altro scontro, questa volta, già alla prima curva dopo il via.

After Imola, the 1990 World Championship was a long head-to-head between Senna and Prost who had in the meantime moved to Ferrari. It concluded in Japan in favour of the Brazilian after another collision, this time at the first corner after the start.

What is your last memory of Ayrton?

It goes back to the morning of 1 May 1994, his last day, when I met him by chance in the paddock. He told me he had a problem with the authorities because he had decided to inspect the Villeneuve corner himself after Roland Ratzenberger's accident there. He was rather upset because of everything that had happened, but he was in a hurry and limited himself to saying, 'Piero, we must talk'. It was the last time I had anything to do with him".

BOSS
HONDA
Marlboro
Marlboro
NACIONAL
TAG HEUER

L'edizione 1991 del Gran Premio di San Marino, col Senna di poi, è all'insegna del numero tre. Perché è la stagione nella quale Ayrton coglie il terzo successo nella corsa imolese e a fine stagione il terzo titolo mondiale. In tutto, sei gemme incastonate nel suo sodalizio con la McLaren-Honda. E la gara passa anche alla storia quale unico gran premio più ricordato per ciò che accade nel giro di ricognizione, che nella competizione vera a propria. Perché con pista bagnata, nella tornata di allineamento, Prost perde il controllo della sua Ferrari all'ingresso della Rivazza e parcheggia mestamente la monoposto fuori pista, inscenando il ritiro più beffardo e deludente della carriera, preludio di una clamorosa rottura con la Rossa a fine stagione.
Ma non c'è tempo di ragionare troppo, perché al via il poleman Senna è bruciato da Patrese con la Williams e al Tamburello "Magic" si presenta secondo, davanti a Modena, Berger, Alesi e al sorprendente Martini, con la Minardi. Patrese resta in testa fino al decimo giro, quando un guaio a un sensore dell'albero a camme lo toglie dalla lotta. Berger, compagno di Senna alla McLaren, tenta la carta dell'astuzia anticipando il cambio gomme, mentre la pista si sta asciugando, ma là al comando niente e nessuno può fermare Ayrton, che vola indisturbato verso il terzo trionfo sulle rive del Santerno.

1991

SENNA FA IL TRIS

Carlo Cavicchi

E, a fine stagione, Senna si laurea tricampeao. In quel momento come Piquet e, soprattutto, come il Brasile nel calcio. Sì, il 1991 è l'anno che proietta "Magic" a livello di campione per sempre e supereroe nazionale.
In proposito, a dire la sua è Carlo Cavicchi, clas-

SENNA MAKES IT THREE

The 1991 Grand Prix of San Marino was Senna's third. Why was it the season that Ayrton won the Imola race for the third time and his third Formula 1 World Championship at the end of the year?
In all, six gems were set into his association with McLaren-Honda.
And the race went into the history books as the only grand prix even recorded for what happened during the warm-up lap, which was in the real competition. Because with the wet track for the alignment lap, Prost lost control of his Ferrari on entering Rivazza and, strangely, parked his car off the circuit in the oddest and most disappointing retirement of his career. A prelude to a clamorous break with Maranello at almost the end of the season.
But there was no time to think too much about it, because at the start poleman Senna burnt Patrese's Williams and at Tamburello Magic was second, ahead of Stefano Modena, Berger, Jean Alesi and a surprising Pierluigi Martini in a Minardi. Patrese held the lead until the 10th lap when trouble with a camshaft sensor took him out. Berger, Senna's teammate at McLaren, tried an astute move with an early tyre change as the track was drying, but nobody could stop the man in the lead, Ayrton Senna. He just flew on undisturbed towards his third consecutive triumph on the banks of the Santerno. And at the end of the season, Senna became a triple world champion. Like Nelson Piquet at the time, and Brazil itself in football. Yes, 1991 was the year that projected Magic to a level of 'champion forever', a national superhero.

Marlboro
Marlboro
HONDA
COURTAULDS
COURTAULDS
Marlboro
HONDA
1
Shell
Shell

se 1947, per tre lustri direttore di *Autosprint* – dal quale è uscito nel 1999 –, poi al timone di *SportAutoMoto* e *Quattroruote*, in una carriera impreziosita anche dall'esperienza di inviato sui campi di gara nell'era dei rally ruggenti.
Un giornalista legato a Senna in vita, tanto da pubblicare su di lui un libro di successo, "Senna Vero" e, indissolubilmente, vedremo perché, financo dopo la scomparsa.
«Dai, fammi subito togliere una soddisfazione – debutta pimpante Cavicchi – nel dualismo con Prost ero senniano in un periodo nel quale i colleghi erano quasi tutti prostiani o pro Piquet. Ayrton aveva dei difensori, certo, per esempio Zigliotto di *Rombo*, ma la gran parte degli altri si manifestava "contro" e sai perché? Perché lo stesso Ayrton non li fumava».

Be', direttore, la dica tutta, su...

«Certo, nell'anima ero mansellliano scatenato. A Nigel gli avevo perfino coniato il soprannome di "Leone". Consideravo Mansell l'erede di Villeneuve, perché in gara faceva ciò che io e tanti potevamo solo sognare di fare o vedere, visto che nelle vesti di pilota mi comportavo deludentemente da raziocinante prostiano. Però Senna era fortissimo, intelligente, intenso, diverso e non potevo non stimarlo immensamente. Sensazioni che la conoscenza diretta rese più forti e definite».

Senna era più legato a Cavicchi come persona o in quanto potente direttore di *Autosprint*?

«Guarda, non so se lo fece per calcolo, di certo era uno che non lasciava giù niente. Però Ayrton era uno vero, anzi, verace, quindi nei rapporti non recitava, ci metteva se stesso. Ecco, penso che si possa essere astuti senza essere furbi e Senna ne resta la prova. So solo che quando veniva fotografato nel

In basso Ayrton è in compagnia dell'ex direttore di *Autosprint* Carlo Cavicchi, protagonista dell'intervista in questo capitolo, ritratti assieme, a Bologna, nel 1989, durante la semifinale di Coppa Italia di basket Caserta-Virtus.

Bottom, Ayrton in company of the former editor of Autosprint Carlo Cavicchi, interviewed in this chapter, seen together at Bologna in 1989, during the semi-final of the Italian Basketball Cup between Caserta and Virtus.

1991

Born in 1947, Carlo Cavicchi wanted to have his say. The illustrious editor of Autosprint, which he left in 1999 to take on SportAutoMoto and Quattroruote in a career that was also enhanced by his experience as a correspondent at the racing circuits during the tumultuous years of rallying.
There was a bond between Cavicchi and Senna and that resulted in the writer's successful book "The Real Senna" and we'll see why right after his death.
"Go on, let me get something off my chest", began a lively Cavicchi. "In the duel with Prost I was a Sennaite in a period in which my colleagues were almost all Prostites or pro-Piquet. Certainly, Ayrton had his defenders; for example Eugenio Zigliotto of Rombo magazine, but most of them were against him and do you know why? Because Ayrton didn't smoke".
"In my heart I was a wild Mansellite. I even coined Nigel's nickname the "Lion". I believed Mansell to be the heir of Gilles Villeneuve because when racing he did what I and many others could only dream about or see, as I was a disappointing driver of the logical Prost type. But Senna was really forceful. Intelligent, intense, different and I thought he was great. Sensations that direct knowledge made even stronger and more definite"

Was Senna more bound to you as a person or because you were the powerful editor of Autosprint?

"Look, I don't know if he did it because he was calculated; he was certainly someone who didn't let anything go by. Ayrton was a real person, veracious, so he never acted the part in his relations with people. I think you can be astute without being sly and Senna was like that. I only know that, when he was photographed in his home environment, among the most prominent awards behind him were the Caschi d'Oro, with which Autosprint presented to him for winning each of his world championships.

NACIONAL
HONDA
BOSS
HUGO BOSS

Senna
BOSS
Marlboro
POWERED by
HONDA
Marlboro
COURTAULDS

suo ufficio, tra i premi in evidenza alla sue spalle, c'erano sempre e solo i tre Caschi d'Oro iridati assegnatigli da *Autosprint*».

Il link tra lei e Ayrton fu il fotoreporter di As Angelo Orsi, vero?

«Sì, con Angelone aveva un rapporto privilegiato, di stima e forte amicizia. Ayrton si presentò per la prima volta nella redazione di *Autosprint* che era un ragazzo, nella prima metà degli anni Ottanta, con una valigetta colma di adesivi e comunicati, per autopromuoversi. Lo fumammo in pochi. Era uno dei tanti, ma aveva le idee tremendamente chiare. Sarebbe tornato».

Tanto che nel 1989, in occasione dei test pre Gran Premio a Imola, voi tre usciste insieme la sera, a Bologna, per assistere a una partita di basket, la semifinale di Coppa Italia Caserta-Virtus, al PalAzzarita.

«Ad attiralo era Oscar Schmidt, il cecchino brasiliano che giocava a Caserta. Ayrton voleva parlargli, scattarcisi una foto insieme, ma non glielo consentirono, perché dissero che nel pre-partita ciò l'avrebbe deconcentrato. Ma scherziamo? Roba da non credere. Sarebbe stato bellissimo per promuovere il basket italiano e invece...».

E poi?

«Poi, finita la partita, andammo a cena al ristorante Bitone. Uscimmo anzitempo, perché Ayrton temeva la folla. E una volta a tavola si mostrò gradevole, intelligente, dalla fortissima personalità, aperto, pur senza essere né introverso né estroverso. E prevalentemente monotematico: parlava solo di macchine. Comunque non se la tirava. Non se la tirava per niente».

Come valuta Ayrton nella storia della F1?

«Dare giudizi assoluti sarebbe folle. Ciascun pilota corre e vive nella sua epoca. Detto questo, nella

All'alba della stagione 1991 lo storico scontro fra Senna e Prost è all'apice dopo due campionati consecutivi che si sono chiusi al calor bianco fra i due, prima con la toccata di Suzuka '89 e poi con la vendetta di Ayrton alla prima curva del Gran Premio del Giappone 1990.
Contrariamente alle aspettative, nel 1991, non vi sarà lotta fra i due con Alain alle prese con una Ferrari davvero poco competitiva e mai in grado di lottare per il Mondiale.

At the dawn of the 1991 season, the historic confrontation between Senna and Prost was at its height after two consecutive championships with white hot finishes between the two, the first at Suzuka in '89 and then with Ayrton's revenge at the first corner of the 1990 Japanese GP.
Despite expectations to the contrary, 1991 did not see another duel between the two, with Alain struggling with a truly uncompetitive Ferrari and never in a position to challenge for the title.

The link between you and Ayrton was the* Autosprint *photo-reporter Angelo Orsi, right?

"Yes, it was Angelo. He had a privileged relationship with Senna, one of esteem and close friendship. Ayrton first came to the Autosprint editorial department when he was just a lad, in the first half of the '80s, with a briefcase full of stickers and press releases to promote himself with. Few of us smoked. He was one of the many, but he had tremendously clear ideas. He would return".

So much so that after the 1989 pre-grand prix tests at Imola, you three went to Bologna together that evening to watch a basket ball match, the semi-final of the Italian Cup between Caserta and Virtus at the PalAzzarita.

"He wanted to see Oscar Schmidt, the Brazilian sharpshooter who played for Caserta. Ayrton wanted to speak to him, have a photograph taken of them together, but it was not allowed because Schmidt would have lost his match concentration. They must have been joking. I couldn't believe it. It would have been a great way to promote Italian basket ball, but instead..."

And then?

"When the game was over, we went for dinner at Bitone. We came out early, because Ayrton was afraid of crowds. And once we got to our table he became pleasant, intelligent, showed his really strong personality, open yet without being either introverted or extrovert. And he mainly only talked about one thing: cars. But he wasn't full of himself. Not at all.

How do you evaluate Senna in the history of Formula 1?

"To give absolute judgment would be foolish. Each driver races and lives in his own period. Having said that,

CHAMPION
LANCIA DELTA
Marlboro
HONDA
Shell
GOODYEAR

sua era Ayrton fu il più forte, punto. Bravo, completo, perfetto. Vinse tre titoli e la sua resta una storia spezzata, perché avrebbe potuto conquistarne altri tre o quattro, chi lo sa?».

Fu anche il più amato?

«Dai tifosi sì, dai potenti no. Ne aveva pochi a favore. Aveva il suo carattere e faceva sgarbi in pista. Enzo Ferrari, già molto anziano, poco prima della fine, si interessò a lui. Fu Ayrton a rivelarmi d'essersi recato in gran segreto a Maranello, senza dirlo ufficialmente alla stampa italiana. Un'altra cosa che poi scontò. I due miti si conobbero, si fiutarono e la cosa finì lì».

E Senna in rapporto a Imola?

«Sono e restano due entità grandi, a prescindere l'uno dall'altra. Imola è nella storia. I primi a vincerci in gare di F1 non valide per il Mondiale furono Clark e Lauda. Questo dice molto. La pista era fantastica. La Tosa, ai tempi di Nanni Galli, era la curva per eccellenza, poi le cose sono cambiate. Posso comunque dire che Imola era un tracciato e al tempo stesso un luogo speciale, per Ayrton. E per me, negli anni, si rivelò l'occasione per andarci a cena insieme a Orsi e fare il punto del momento. Pasti frugali, specie all'Hotel Donatello, ma occasioni di dialogo intenso e mai banale».

Le ultime parole di Ayrton con lei?

«Chiamò prima del week-end del primo maggio, dicendomi: "Mi spiace, ma stavolta non ci vedremo, perché sono incasinato". Sapevo che aveva problemi con la Williams e con la morosa, capii il momento e ci salutammo cordiali».

Non le chiedo dov'era lei, il primo maggio 1994, perché lo so, visto che stavamo guardando insieme il Gran Premio di San Marino, nel suo ufficio, ad *Autosprint*.

1991

---

in his era Senna was the best, full stop. Clever, complete, perfect. He won three world championships and his story remains unfinished, because he could have won another three or four titles, who knows?

Was he also the best loved?

By the fans, yes. By the powerful, no. There were few in favour of him. He had his character and he was tough on the track. When Enzo Ferrari was very old, not long before he died, he became interested in Senna. It was Ayrton who told me he went to Maranello in great secret without telling the Italian press. Another thing that was done. The two legends knew each other, he refused and it ended there."

And Senna in relation to Imola?

"They are and they will remain two great entities, regardless of one or the other. Imola is part of history. The first to win F1 races there – they didn't count towards the world championship – were Jim Clark and Niki Lauda. That says a lot. The track was fantastic. In Nanni Galli's day, Tosa was a curve par excellence, then things changed. But I can say Imola was a track and, at the same time, a special place for Ayrton. And for me over the years it became the occasion to go to dinner with him and Orsi and discuss the moment. Frugal meals, especially at the Hotel Doinatello, but with intense dialogue that was never boring".

Ayrton's last words to you?

"He called before the 1 May weekend, saying, 'I'm sorry but we can't see each other this time, because I'm in a mess'. I knew he had problems with Williams and his girlfriend, so I understood immediately and we said goodbye normally".

Il via del Gran Premio di San Marino 1991 è bagnato e già nel giro di ricognizione Alain Prost esce di pista in modo dilettantistico dopo essere slittato su una pozza d'acqua parcheggiando la sua Ferrari nell'erba della Rivazza. Ma quando poi la pista si asciuga Ayrton non conosce avversari.

The start of the 1991 San Marino GP was wet and on the parade lap Alain Prost amateurishly slid off the track via a puddle and parked his Ferrari at the Rivazza corner. When the track dried out Ayrton was unbeatable.

Agip
Shell

Marlboro
HONDA
GOODYEAR

Marlboro
LEYTON HOUSE

Kronenbourg
Marlboro
HONDA
Shell
GOODYEAR

«Il giorno della gara stavo in redazione, per avere in mano il timone e partire subito col giornale. Il resto lo sanno tutti».

Quel suo *Autosprint*, subito dopo la scomparsa di Ayrton divenne un punto di riferimento a livello mondiale per capire e scoprire le cause di ciò che era successo davvero, al Tamburello.

«Fu un momento particolare, triste ma anche indimenticabile. Intuimmo subito che il tragico incidente non poteva essere stato causato da un errore di guida e le immagini del piantone estratto dall'abitacolo e danneggiato ci misero sulla pista giusta, ma tutto si dimostrò difficile».

Lo spieghi...

«Fammi levare un sassolino dalla scarpa, vent'anni dopo. Tutti ci davano addosso, dicevano che era una follia pensare che avesse ceduto il piantone dello sterzo, avevamo i soggetti forti contro, mi beccai quattro-cinque querele, perfino il mio editore era perplesso e la sera, tornando a casa, mia moglie Ippolita, ragionevole, mi chiedeva: "Carlo, ma chi te lo fa fare?". Be', rispondevo e rispondo che me lo facevano fare il rispetto per Ayrton, l'amore per il mio mestiere e la voglia di verità. Per sei mesi, ricordi?, uscimmo in copertina col bollino che raffigurava il piantone rotto, con la scritta "vogliamo la verità". E alla fine, verità fu. Un lavoro di inchiesta rischioso, corale e immane, portato avanti grazie anche a Franco Nugnes e Angelo Orsi. E ancora oggi, più di vent'anni dopo, non è importante che abbiamo vinto noi, ma che ad affermarsi nell'opinione pubblica mondiale è stata la verità. La pura verità dei fatti. Io, Autosprint, noi tutti, ad Ayrton glielo dovevamo».

1991

I won't ask you where you were on 1 May 1994, because I already know, as we were watching the Grand Prix of San Marino together in your office at Autosprint.

"On race day, I was in the editorial department to have everything in hand so that we could start the magazine right away. Everyone knows the rest.

Immediately after Ayrton died, that Autosprint of yours became a world reference point to understand and discover the cause of what really happened at Tamburrello.

"It was a particular moment, sad but unforgettable. We immediately felt that the tragic accident couldn't have been caused by a driving mistake and the pictures of the damaged steering column extracted from the cockpit put us on the right track, but it was all difficult".

Explain.

"Let me get something off my chest for the first time in 20 years. Everyone contacted us and I said it was crazy to say the steering column broke as we had strong evidence against that. We received four or five complaints, even my editor was perplexed. That night, when I returned home, my wife Ippolita, who thinks about things carefully, asked me, 'Carlo, who's making you do this?'. Well, I answered as I answer now, that I did it out of respect for Ayrton, the love of my job and a desire for the truth. Remember that for six months we had a section of our cover that showed the broken steering column, with the words 'we want the truth'. And in the end, the truth came out. It was a risky investigation by a group of us and it was enormous. It was carried out thanks to Franco Nugnes and Angelo Orsi. And even now, 20 years later, it's not important that we won, but it was to put into the minds of the world's public that it was the truth. The pure truth of the facts. I, Autosprint, all of us had to do it for Ayrton".

SUPERTEST AL VOLANTE DELLA JAGUAR XJR 15 pag.20

AUTO SPRINT

SETTIMANALE 18

IMOLA AMARA

PROST FUORI PISTA NEL GIRO DI LANCIO ALESI NELLA SABBIA DOPO QUATTRO MINUTI E CON LE WILLIAMS KO DENNIS PUO' FERMARE BERGER E PERMETTERE A SENNA IL TRE SU TRE

CIAO MONDIALE?

LEHTO TERZO

LA CLASSE OPERAIA VA IN PARADISO!

MARTINI QUARTO

BENETTON TREMA

FORD E BARNARD AI FERRI CORTI

Tutti in rosso sul podio di Imola '91 anche se di Ferrari non vi è traccia... Ayrton coglie il suo terzo centro dopo aver dominato la corsa. Chiude davanti al compagno di squadra Berger e a J. J. Lehto sulla Dallara della Scuderia Italia.

All in red on the Aimola podium in '91, albeit with Ferrari nowhere to be seen. Ayrton scored his third victory after dominating the race. He finished ahead of his teammate Berger and J.J. Lehto in the Scuderia Italia Dallara.

FOSTERS
FOSTERS
GOODYEAR
GOODYEAR
Marlboro
World Championship Team
Marlboro
World Championship Team
Marlboro
McLAREN INTERNATIONAL
Shell
BOSS
HONDA
Gerhard Berger

Il 1992 è un anno sottotono, visti gli standard di Senna, costretto a cedere lo scettro iridato. La ribalta è tutta per la Williams Fw14-Renault di Nigel Mansell: il binomio domina l'inizio stagione, ipotecando il Mondiale, che poi stravincerà. Imola compresa.

In qualifica "Beco" è terzo, dietro le Fw14 del Leone e di Patrese, a un secondo e due decimi di distacco dal baffuto Mister "Red Five". Un divario tombale, in vista di una gara nella quale Ayrton con la sua McLaren-Honda può solo sperare di giungere terzo, dietro le imprendibili creature di Adrian Newey. E alla fine è proprio così che va, col paulista che si limita a tenere a bada il rimontante e arrembante Brundle, su Benetton.

Eppure il 1992 è un anno intensissimo e importante per Ayrton, impegnato in una delle sue prodezze più belle sul piano squisitamente umano, nel week-end di Imola, e ben pochi sanno come e perché. Ma ora è giunto il momento di raccontare tutto.

A svelarci una storia a lungo quasi segreta, è Giorgio Serra, l'ormai leggendario Matitaccia, da quasi quattro decenni pieni vignettista sovrano di *Autosprint* e *Motosprint*, nonché appassionato verace delle due e delle quattro ruote.

Il suo racconto, come nei film di Tarantino, parte quasi dalla fine, per tornare indietro e andare all'epilogo, in un gioco affascinante di flash-back e flash-forward.

«Sì, dai, cominciamo la narrazione dalla prima-

COMUNQUE SUL PODIO

GIORGIO SERRA

ON THE PODIUM ANYWAY

The 1992 season was below par, given the standard set by Senna, who was forced to concede the world championship. The spotlight was all for Nigel Mansell's Williams FW14-Renault, which dominated the start of the season and Nigel laid his claim to the title with an outstanding victory at Imola.

Beco came third in qualifying, behind the FW14s of the Lion and Riccardo Patrese, the mustachioed "Mister Red Five" a second and two tenths down. And a yawning gap for a race in which Ayrton and his McLaren-Honda could only hope to take third behind the uncatchable Adrian Newey creations. In the end, that's exactly what happened, with the Brazilian limiting himself to keeping an eye on the fast charging Martin Brundle and his Benetton.

Yet 1992 was an intense and extremely important year for Ayrton, committed as he was to one of his most fantastic acts of courage at an exquisitely human level during the Imola weekend and not many know why. But now the time has come to tell all.

To unveil a story that has almost been a secret for many years, is Giorgio Serra, the legendary artist for almost four decades the sovereign "Matitaccia" cartoonist of Autosprint and Motosprint, as well as a passionate about racing on two and four wheels.

His contribution is told like a film by Quentin Tarantino, which almost starts at the end, turns back on itself and then goes to the epilogue in a fascinating game of flashbacks and flash-forwards.

Marlboro
Marlboro
HONDA
COURTAULDS
Marlboro
HONDA
1
Shell
GOODYEAR
COURTAULDS

vera 1994, momento in cui Ayrton sta svolgendo a Imola i test preparatori del Gran Premio di San Marino, dice sorridendo Matitaccia. Il box Williams nell'autodromo Enzo e Dino Ferrari era praticamente blindato ai comuni mortali, un cerbero sulla soglia scoraggiava chiunque accennasse a scavalcare la cordella elastica off-limits, e la grande massa di giornalisti, fotografi e curiosi creava un muro umano un po' fremente, nervoso e agitato».

E Ayrton?

«Senna era appena rientrato da un paio di giri di prova, si era tolto il casco e leggeva alcuni dati su un computer, in fondo al vasto locale in cui sostavano due vetture bianco azzurre. Le Williams-Renault».

Per quale motivo eri lì?

«Niente a che vedere col mio ruolo di vignettista o appassionato. All'epoca facevo parte del gruppo di volontari che assistevano Massimo, un ragazzo ricoverato all'ospedale di Imola in rianimazione, dopo il gravissimo incidente stradale che lo aveva ridotto in fin di vita. I medici lo avevano rianimato, ma non avevano potuto evitargli la tetraplegia, l'immobilità totale».

E qual è il collegamento con Ayrton e il 1992?

«Durante il lungo periodo di coma, qualcuno aveva saputo della passione di Massimo per la F1, in particolare per le gesta di Senna, ed era riuscito, non ricordo attraverso quali canali, a far registrare su nastro la voce del pilota che incitava il giovane a svegliarsi. Non fu però il nastro che riportò Massimo alla coscienza, perché nel frattempo i medici lo avevano svegliato. Tuttavia la voce di

"Come on, let's begin the narration from the spring of 1994, the moment in which Ayrton was carrying out tests at Imola in preparation for the Grand Prix of San Marino", said the smiling cartoonist. The Williams pits at the Enzo and Dino Ferrari Autodrome were practically shut off to ordinary mortals, a guard dog discouraging anyone from even thinking about climbing over the elastic cord beyond which was off limits. A great mass of journalists, photographers and curious bystanders created a human barrier, trembling a little, nervous, agitated".

And Ayrton?

"Senna had just come back in after a few practice laps. He took off his helmet and read some data off the computer screen down the back of the vast garage in which the two blue and white Williams-Renaults F1 cars were parked".

Why were you there?

"Nothing to do with my job as a cartoonist or as an enthusiast. At the time, I was a member of a group of volunteers who helped Massimo, a boy who had been admitted to the Imola hospital's intensive care unit after a serious road accident that nearly killed him. The doctors brought him back to life, but he was a tetraplegic, totally immobile".

And what's the connection with Ayrton in 1992?

"While Massimo was in a deep coma, someone got to know about his passion for Formula 1, especially for Senna. I don't know how, but that person was able to record Ayrton's voice on tape, in an effort to encouraging the youngster to wake up. It wasn't the tape that brought Massimo out of

Sulla carrozzeria ancora una volta il n. 1 di Campione del mondo ma la stagione 1992 sarà irta di difficoltà per il brasiliano.

The champion's number 1 was back on his car, but the 1992 season was to be particularly difficult for the Brazilian.

FORMULA 1
RLD
IONSHIP
NACIONAL
SENNA

Senna era servita a far coraggio al malato, il quale, una volta tornato cosciente, aveva chiesto di poter incontrare il pilota. Senna era sensibilissimo alle altrui sofferenze, e si era recato senza esitazioni al capezzale dello sfortunato ragazzo. Gli amici presenti all'incontro mi avevano descritto le emozioni intense, le lacrime agli occhi di tanti e in particolare di Ayrton che, accomiatandosi, aveva promesso: "Un giorno io tornerò". Era appunto il 1992».

Immaginare Senna a Imola che di nascosto fa tutto ciò, tenendolo volutamente segreto, evitando di vantarsene, ritagliando l'episodio come un momento privatissimo ed esclusivo, è semplicemente strabiliante. Vai pure avanti, Giorgio, visto che a quanto pare questa storia ha un seguito...

«Certo che lo ha. E qui nel 1994 entro in ballo io, chiosa Matitaccia. Perché un anno e mezzo dopo, Massimo chiese nel suo muto linguaggio degli occhi di rivedere l'amico famoso e pluricampione. Qui, indegnamente, divento testimone diretto di ciò che accadde e che mai dimenticherò, non perché si tratti di un avvenimento eclatante, ma piuttosto di un brano umanissimo di vita. I volontari mi chiesero di fare in modo, avvicinandolo, di riportare Ayrton in visita al malato, e qui devo ritornare al box blindato descritto all'inizio. Sono lì e come faccio – mi chiedo –, a trasmettere il messaggio a Senna? Dopodiché adocchio in terra un pezzo di carta bianca, lo raccolgo e scarabocchio in fretta la scritta "Massimo vuole rivederti". Non mi accorgo che nel rovescio il foglio reca appiccicato in po' di pomodoro e mozzarella, residui di pizza, mi avvicino al guardiano e, con fare deciso, gli intimo – proprio così, roba da non credere –, di portare il messaggio al famoso destinatario».

Partire dalla seconda fila con il terzo tempo, a Imola, per Ayrton suona già come una mezza sconfitta ma davanti le due Williams di Mansell e Patrese sono davvero velocissime.
In basso Senna è con il connazionale Christian Fittipaldi.

Starting from the second row with the third fastest time at Imola was in itself something of a defeat for Ayrton, but the Williams of Mansell and Patrese were incredibly quick.
Bottom, Senna and his fellow Brazilian Christian Fittipaldi.

unconsciousness, the doctors did that. Anyway, Senna's voice was there to give the lad courage. In fact, once he became conscious he asked if he could meet the Brazilian. Ayrton was very sensitive to other people's suffering and he went to the lad's sickbed without hesitation. Friends of mine, who were also at the meeting, described the intense emotions, the tears in the eyes of many, especially Senna who, as he left, promised, 'I'll be back one day'. It was 1992".

Imagine Senna at Imola, who did all that secretly without saying anything about it, considering the episode a very private and exclusive moment, is simply amazing. Carry on, Giorgio, given that, as far as I can see, this story has a follow-up...

"It certainly has. And here in 1994 I come into the picture" confirmed the cartoonist, "because a year later, Massimo asked with the mute language of his eyes to see his friend and world champion again. Here, I was a witness to what happened and I'll never forget it. Not because it was a striking event, more a really human moment in life. The volunteers asked me to contact Ayrton and arrange for him to see Massimo again – and here, I have to go back to the sealed off pit which I described at the beginning. I was there and asked myself how do I send a message to Senna. Then I saw a piece of white paper on the ground. I picked it up and quickly scribbled 'Massimo would like to see you again' on it. I didn't notice there was some tomato and mozzarella on the back of it, left over from a pizza. I went over to the security guard and in a decisive way I suggested he take the message to Senna".

It's an emotional story. Carry on, Giorgio...

Agip
LANCIA DELTA
Marlboro
HONDA
NACIONAL

Marlboro
POWERED by HONDA
COURTAULDS
Shell
HONDA
1

La cosa si fa emozionante. Prosegui, Giorgio...

«Senna prende il pezzo di carta, e qui vedo con raccapriccio la decorazione pizzacea, lo legge e subito con un cenno mi chiama dentro il box. Chiarisco subito: "Ayrton, non sono qui per chiederti autografi, cappellini o pass, ma per dirti che Massimo vorrebbe rivederti". Il campione brasiliano mi risponde senza esitazione: "Domani, a mezzogiorno". Fine dell'incontro».

E il giorno dopo cosa accade?

«L'indomani, alle 12 in punto, saltiamo in macchina e in breve entriamo nell'ospedale. Ricordo il barista che incredulo scorge il pilota e ho ancora negli orecchi l'urlo "Ayrtoooooon, sei il più grandeeeeeeeeee !!!", e poi lo sguardo di una vecchietta popolana, col capo avvolto nel fazzolettone delle campagnole, che si pietrifica, riconoscendolo. Da ridere, due bellissimi quadretti di vita comune ma assolutamente genuini».

E Massimo?

«Con Ayrton saliamo al suo piano, ci vestiamo con calzari, cuffie e camici, obbligatori nel reparto Rianimazione, ed entriamo nella stanzetta del malato, simile a una capsula spaziale, perché piena di strumenti; qui finalmente vedo un gran sorriso sul volto di Massimo. Sul viso di Senna spicca lo sguardo, perché gli occhi brillano di lacrime, poi mi si confonde il ricordo, tanto toccante da commuovere tutti i presenti, lo staff medico al completo».

Eppoi?

«La visita è finita, sarà passato un minuto o un mese, non lo so, il tempo si era fermato. Rientriamo

"Ayrton took the piece of paper and then, to my horror, I saw the pizza decoration on it. He read it and immediately signalled me to enter the pit. I made it quite clear right away; I said, 'Ayrton, I'm not here to ask for your autograph, a cap or a pass, but to tell you that Massimo would like to see you again'. And Senna answered without hesitation, 'Tomorrow at mid-day'. End of meeting".

And what happened the next day?

"The following day at exactly 12 noon, Senna and I got into a car and were soon at the hospital. I remember the man in the bar being incredulous at seeing the great champion and I can still hear him holler, 'Ayrtooooon, you're the greateeeeest' and then the look of an old woman with her head enshrouded in a big handkerchief like a farm worker, who almost turned to stone when she recognised him. It was funny; two great communal moments from life that were absolutely genuine".

And Massimo?

"I went up to his floor with Ayrton, we put on shoe covers, hats and smocks, which were obligatory in the ICU, and we entered the small room, which was similar to a space capsule because it was full of instruments. Then I saw a huge smile on Massimo's face. On Senna's face there was a certain look, because his eyes shone with tears. Then my memory of the visit becomes confused. It was so touching it moved everyone there, the medical staff included".

And then?

"The visit ended. Either a minute or a month went by, I don't know. Time seemed to have stopped. We return to the circuit, Senna spoke of divine will, of a plan of the Creator tailor-made for each

Bastano pochi giri al duo della Williams per distanziare la coppia McLaren che, a loro volta, devono tenere a bada le Benetton. Nella foto in alto Alberto Sabbatini, oggi direttore di *Autosprint*, consegna un premio ad Ayrton.

It took the Williams pair just a few laps to break away from the McLaren drivers who, in their turn, had to keep the Benettons at bay. In the top photo, Alberto Sabbatini, today editor of Autosprint, presents a prize to Ayrton.

BERG
Marlboro

EBERG
Canon

in autodromo, Senna parla di volontà divina, di un piano del Creatore fatto su misura per ciascuno di noi, del destino e di un piano cosmico... e poi non ci ho più capito niente, perché continuavo a guardare quel luccichio dei suoi occhi».

Fu quella l'ultima volta in cui hai avuto un contatto diretto con lui?

«No, in realtà – puntualizza Matitaccia – ce ne fu un altro. Circa un mese dopo sto bighellonando per l'autodromo di Imola, in attesa della gara. Mi giro e vedo Ayrton arrivare lungo il viale delle Acque Minerali. Indossa una giacchetta verde bosco, ha una valigetta piccola e passa tra la gente inosservato, nessuno si aspetta di vederlo lì. "Ciao Campione!", mi viene spontaneo dirgli. Lui si gira, mi fa un sorrisino – lo stesso che aveva fatto sfogliando il pacco di vignette che gli avevo portato tempo prima e che mi avevano detto era l'indice del suo massimo gradimento –, saluta con la mano e poi si avvia verso la sua purtroppo tragica ultima giornata. È domenica, primo maggio 1994».

1992

---

one of us, of destiny and of a cosmic plan...and then I didn't understand anything else, because I continued to look at that shine in his eyes".

Was that the last time you had direct contact with him?

"No, not really", said Giorgio, "there was another time. About a month later, I was loafing about at the Imola circuit before the race. I turned and saw Ayrton arrive along the Viale delle Acque Minerali. He wore a dark green jacket, had a small suitcase and passed through the crowd unobserved as nobody expected to see him. 'Hi champion', I said spontaneously. He turned, smiled at me – the same as the one when he as leafing through the pack of cartoons that I had brought him earlier and I was told that he liked them very much – waived his hand and then set off towards his last tragic day. It was Sunday 1 May 1994".

Altre fasi di gara, ai box e in pista. Sotto, il campione brasiliano dedica a "Matitaccia", Giorgio Serra, una pubblicazione a firma dello stesso "Matitaccia" pubblicata da *Autosprint* nel 1992.

Other moments from the race, in the pits and on track. Below, the Brazilian champion dedicates to "Matitaccia", Giorgio Serra, an article by "Matitaccia" himself published by Autosprint in 1992.

Marlboro
Marlboro

1993

UNA LOTTA IMPARI

Alessandro Zanardi

AN UNEQUAL BATTLE

Il 1993 è anno purgatoriale per Ayrton Senna, per la seconda stagione consecutiva costretto a inseguire al volante di una McLaren – stavolta dotata del modesto motore Ford – senza speranze le Williams-Renault, una delle quali è condotta verso l'iride proprio dall'avversario archetipico Alain Prost.

Ayrton è in rotta col suo team, corre senza contratto, a cachet, un milione di dollari a gran premio e può sperare solo su consolatorie vittorie di tappa.

In qualifica è 4° e deve arrendersi allo strapotere Williams, con Prost e Hill in prima fila, ma in gara spera molto nella pista bagnata.

La mattina del warm-up, Ezio Zermiani della Rai, intervistandolo, gli dice che il giorno prima non era stato possibile parlarci, tanta era la gente che lo pressava, ma Ayrton per una volta scherza: «Ma cosa dici, che ti ho visto riposare là in fondo...».

Al via però "Magic" non scherza affatto, tanto che al primo giro si presenta in seconda posizione alla Tosa, a sandwich tra le Williams, dietro Damon e davanti ad Alain. Il forcing dura fino alla nona tornata, quando "Beco" si ferma per montare gomme da asciutto, presto imitato dai rivali. La battaglia ricomincia e culmina con uno spettacolare doppio sorpasso di Prost alla Tosa, che beffa Senna e Hill, in lotta tra loro, e s'invola al comando. Lo show

---

The year 1993 was purgatory for Ayrton Senna, as it was the second season in which he was forced to follow the Williams-Renaults – one of them driven by his adversary Alain Prost – in his McLaren powered this time by a Ford engine, without hope of success.

Ayrton was about to leave his team, raced freelance without a contract for a million dollars per grand prix and could only hope for consolation placings.

He only qualified fourth, having had to surrender to the potent Williams of Prost and Damon Hill, who were on the front row of the grid, but he hoped for a wet track in the race.

During the Sunday morning warm-up, Ezio Zermiani of RAI TV interviewed him saying he couldn't do so the day before due to the crowds around him. Ayrton replied jokingly, "What are you talking about, I saw you resting over there..."

But Magic didn't joke at the start as he was second at Tosa, sandwiched between Hill's leading Williams and Prost's car third. That continued until the ninth lap, when Beco stopped to fit dry weather tyres, quickly followed by his rivals. The battle was on again and culminated in a spectacular double overtake by Prost at Tosa, leaving Hill and Senna to fight it out for second. But that's where the show ended, because soon afterwards Damon went into a sand bed at Tosa and Ayrton retired with a hydraulic problem, his suspension KO.

FOSTER'S
Marlboro
Marlboro

finisce qui, perché poco dopo Damon si insabbia all'uscita della Tosa e Ayrton è fuori gara, per un problema idraulico e una sospensione kappaò.

Quel giorno, prima di ritirarsi col motore in fiamme e una ruota out, un promettente italiano dà spettacolo, danzando dentro la zona punti, in quinta posizione: Alessandro Zanardi al volante della Lotus.

L'asso di Castelmaggiore è pronto qui a regalare un racconto diretto di quella giornata bagnata, ma a suo modo infuocata.

«Infuocata lo fu in pista, malgrado l'acqua, e anche fuori – spiega Alessandro –, visto che nel dopo gara Ayrton ebbe parole critiche nei miei confronti, perché avevo continuato malgrado il motore in fiamme alla Variante Bassa. In fondo, a suo modo, era un figlio di buona donna e piuttosto che andarsi a lamentare coi commissari preferì farlo davanti alla telecamere. A mia volta mi comportai da furbo, facendo l'angioletto e rispondendo che avevo preferito arrivare fino al Tamburello, in quanto sapevo che lì c'erano degli addetti antincendio bravissimi, che già quattro anni prima avevano salvato Berger dal fuoco della sua Ferrari. Be', stavo mentendo. La verità è che con pista bagnata ero tra i primi cinque, mi giocavo il giro più veloce con Senna e Prost e stavo sognando il podio. Fosse stato per me, non mi sarei fermato neppure se avessi perso tutte e quattro le ruote...».

Fu la sola volta che Ayrton si rivelò polemico nei tuoi confronti...

«Qualche buon motivo lo aveva, a dire il vero (ride, ndr). E non dimentichiamo che due anni prima, a Barcellona, al mio debutto in F1 con la Jordan, lui si era dimostrato molto carino con me.

Alza gli occhi al cielo Ayrton nell'abitacolo dalla McLaren Mp4/8 motorizzata Ford, una monoposto dalla quale soltanto l'immenso talento del campione riuscirà a tirar fuori qualcosa di buono. Al centro, un primo piano della modella brasiliana Adriane Galisteu, all'epoca compagna di Senna.

Ayrton raises his eyes to the sky from the cockpit of the Ford-powered McLaren MP4/8. Only the immense talent of the Brazilian champion was able to getting anything out of that car. Centre, a close up of the Brazilian model Adriane Galisteu, Senna's companion at the time.

That day, before dropping out with his engine in flames and a broken wheel, a promising young Italian put in a spectacular performance by working his way into the points in fifth place. He was Alessandro Zanardi at the wheel of a Lotus.

The future double CART champion gave his personal account of that wet but, in it's way, blazing day. "I was on fire on the track and off it despite the rain", explained Alessandro, "because after the race Ayrton criticised me as I had continued with my engine ablaze at the Variante Bassa. Basically, in his way he was a bastard and instead of going and complaining to the officials he preferred to do so in front of a TV camera. I was craftier, playing the little angel and replying that I preferred to reach Tamburello because I knew there were excellent firemen there. Four years earlier, they had saved Gerhard Berger in his blazing Ferrari. Well, I was lying. The truth is that, with the wet track, I was in the top five; I was vying with Senna and Prost for the fastest lap and dreaming of a place on the podium. If it had been up to me, I wouldn't have stopped even if I had lost all four of my wheels".

Was that the only time Senna was controversial as far as you were concerned...

"He had good reason, to tell the truth", Zanardi laughed, "And let's not forget that two years before at Barcelona on my debut in F1 with Jordan, he was very nice to me. I was all emotion at the pre-race briefing and went to sit at the back of the drivers' room. Ayrton was the last to arrive and sat next to me. He amazed me that day, taking my hand and saying, 'Pleased to meet you: Ayrton Senna; I know how you feel, being your first race, but you need to stay calm and do what you know

NACIONAL
SENNA
Marlboro
Shell
Marlboro

Al briefing pre-corsa mi ero presentato tutto emozionato, tipo pulcino bagnato, andandomi a sedere in fondo alla sala che ospitava i piloti. Ayrton era entrato per ultimo, accomodandosi accanto a me. Quel giorno mi aveva stupito, tendendomi la mano e dicendo: "Piacere, Ayrton Senna. So cosa provi, sarà la tua prima gara, ma devi restare tranquillo e fare ciò che sai fare, non provare a sfoderare magie, che non serve. Se sei qui con la Jordan, un'ottima monoposto, vuol dire che meriti questa chance e goditela. Sappi che capisco il tuo stato d'animo, siamo tutti esseri umani. In bocca al lupo". Ecco, avevo apprezzato tanto, questa cosa. In più mettici che fin da ragazzo Ayrton era il mio idolo».

C'è un ricordo che lega la tua passione di ragazzo a Imola e a Senna?

«Eccome se c'è. Anno 1984, Gran Premio di San Marino. Ayrton manca la qualificazione al volante della Toleman e io, 17enne, sono a bordo pista, alla Rivazza, insieme a mio zio che era commissario di percorso volontario e per regalo mi aveva portato con lui, al suo fianco. Era la prima volta che vedevo la F1 dal vero e fu fantastico. In quel week-end, per me, ancora acerbo pilota di kart, il sogno di arrivare ai vertici dell'automobilismo iniziò a prendere una forma definita. Diciamo che la fecondazione in me era avvenuta prima e quell'esperienza rappresentò il parto del mio sogno di arrivare a correre, un giorno, nei gran premi. E poco importa che Senna non riuscì a qualificarsi. Dai racconti di Angelo Parrilla, boss della Dap, per il quale correvo in kart, sapevo quanto valeva "Magic", ero conscio che ben presto avrebbe sfondato. Lo pensavo contro lo scetticismo di molti. Tanto che poco dopo fui molto felice di vedere Ayrton quasi vincere a Montecarlo, perché la sua prodezza mi aveva dato ragione. Era un astro nascente, un grande».

In alto Ayrton è in compagnia dell'amico fotografo Angelo Orsi mentre, nella pagina a fianco, quasi in chiusura delle ultime prove ufficiali del sabato, si gira sul rettilineo d'arrivo proprio davanti al muretto box. Partirà dalla quarta piazza.

Top, Ayrton in the company of his friend the photographer Angelo Orsi while, on the facing page, towards the end of official practice on the Saturday, he spins on the finishing straight in front of the pit wall. He was to start from 4th place on the grid.

you can do, not try on the magic because it's not necessary. If you're here with Jordan, an optimum car, that means you deserve this chance so enjoy it. You know, I understand your state of mind, we're all human beings. The best of luck'. I appreciated that very much. Especially because Ayrton had been my hero since I was a child".

Is there a recollection that links your enthusiasm as a lad to Imola and Senna?

There certainly is. It was in 1984 at the Grand Prix of San Marino. Ayrton didn't qualify in a Toleman and I, a 17 year old, was trackside at Rivazza with my uncle, who was a voluntary track marshal and as a sort of gift, he took me with him. It was the first time I had seen live F1 and it was fantastic. In that weekend, when I was still a kart driver, the dream of getting to the top and one day competing in a grand prix was there. Let's say the seed had been planted in me earlier and that experience was part of my dream to race in a grand prix one day. And it didn't really matters to me that Senna wasn't able to qualify. I got to know a lot about Senna from Angelo Parrilla, the boss of DAB for whom I raced karts, and I already knew how good Magic was and that he would soon break through. I thought so, contrary to the skepticism of many people. So much so that I was really pleased to see Ayrton almost win at Monaco, because his prowess proved I was right. He was a coming star, one of the greats".

Do you think that his burst of pole positions at Imola, that inexhaustible thirst he had for years to be the fastest in qualifying on the banks of the Santerno, were a sort of psychoanalytical removal of the humiliating non-qualification of 1984?

TEMPRA
FIAT PANDA
FIAT UNO
ZONA RISERVATA ESCLUSIVAMENTE AGLI UFFICIALI DI GARA
EXCLUSIVELY FOR OFFICIALS
RESERVED EXCLUSIVELY OFFICIALS
PIT LANE
BOSS
Marlboro
K mart
CAMOZZI
8
EAGLE
GOODYEAR
COURTAULDS
Shell

PIONEER
PIONEER
PIONEER
ESSO
ESSO
Marlboro
Marlboro
Shell
GOODYEAR

Pensi che la sua mitragliata di pole a Imola, quella sete inesauribile che ha avuto per anni d'essere il più veloce in prova sulle rive del Santerno, fosse una sorta di rimozione psicanalitica dell'umiliante mancata qualificazione del 1984?

«No, non lo credo. La sua non era un'ossessione. Le cose buone nelle corse e nella vita non vengono così. Se fai una cosa che ti piace fare e la sai fare, le soddisfazioni arrivano naturalmente. È semplicemente questo che portò Ayrton a diventare il poleman per eccellenza, a Imola. A volte sembrava un uomo quasi sofferente, in certe confidenze diceva che mentre era nell'abitacolo sentiva Dio, avvertiva la pressione, il sacrificio, ma io non ci ho mai creduto fino in fondo, a tutto ciò. Nel senso che l'ho sempre visto felice nell'abitacolo, anzi, forse una volta in macchina non esisteva uomo più appagato di lui.

Guidando sorrideva, viveva bene, al massimo, avendo di fronte a sé la possibilità di vincere. E per lui correre diventava un percorso obbligato verso la scelta meravigliosa di affermarsi. Per questo, al di là del fatto che da ragazzo ero suo fan, l'ho sempre visto e vissuto come un uomo molto interessante».

E Imola? Quanto ha aggiunto il tracciato imolese, negli anni d'oro, al fascino intrinseco del campione brasiliano?

«Penso non poco, anzi, tanto. E sai perché? Perché Imola è uno di quei posti che ti fa subito pensare a ciò che ci succede di più bello. Per esempio, senti nominare Hollywood e pensi al cinema. Ebbene, Imola ti porta subito a corse leggendarie, per riflesso condizionato e associazione

1993

"No, I don't believe that. He wasn't obsessive. The good things of racing and of life don't come that way. If you do something good that you like doing and you know how to do it, satisfaction arrives naturally. It was simply that which made Ayrton the poleman par excellence at Imola. Sometimes he seemed a man who was suffering and in some private chats he said that, while he was in the cockpit, he felt God, the pressure, the sacrifice, but I never really believed all that. I had always seen him happy when he was in the cockpit. In fact, once he was in the car no man was more satisfied than him. He smiled when he drove, lived well, to the full, when he had a chance of winning. And to him racing became an obligatory route to take towards the marvellous chance of winning. Apart from the fact that I was his fan when I was a kid, for that reason I always saw him and experienced him as a very interesting man".

And Imola? In the golden years, how much did the Imola circuit add to the intrinsic fascination of the Brazilian champion?

"A lot, I think. And do you know why? Because Imola is one of those places that immediately makes you think of the good things that happen to you. For example, someone says Hollywood and you think of the cinema. Well, Imola transports you immediately to legendary races as a conditioned reflex and mental association. In more pleasant times, Ayrton and Imola made a winning contribution to one creating the legend of the other and I find that very special. Just think that when I raced karts Bridgestone, which wasn't involved in F1 at the time, called one of it's highest performing tyres the Imola because that name immediately gave an evocative and glorious connotation to it".

1993: una stagione davvero complessa in pista e non. Ayrton corre sempre per la McLaren senza un vero contratto ma un cachet di un milione di dollari, gara per gara. Eppure Senna riesce a togliersi più di una soddisfazione vincendo il Gran Premio di casa in Brasile, un memorabile Gran Premio d'Europa a Donington sotto il diluvio, dove umilia l'avversario di sempre Prost, trionfa per la sesta volta a Montecarlo e quindi, in chiusura di stagione, in Giappone e Australia. Risultati che non bastano per strappare il titolo alla Williams di Prost.

1993: a truly complex season on and off track. Ayrton was still racing for McLaren, albeit without a regular contract. He was instead paid a million dollars on a race-by-race basis. Senna nonetheless managed to achieve no little satisfaction in winning his home GP in Brazil, a memorable European GP at Donington in the rain, humiliating his traditional rival Prost in the process, a sixth Monaco GP and, at the end of the season, the Japanese and Australian Grands Prix. Results that were not sufficient to prevent Prost winning the title with Williams.

NACIONAL
KENWOOD
BOSS
NACIO
BOSS
Marlboro

mentale. Nell'era felice, Ayrton e Imola hanno contribuito vicendevolmente ad alimentare l'uno la leggenda dell'altra e trovo questo molto speciale. Pensa che quando correvo in kart, la Bridgestone, che al tempo non era impegnata in F1, aveva chiamato una delle sue gomme più performanti proprio "Imola", perché quel nome significava dare immediatamente una connotazione evocativa e gloriosa».

Il tuo ultimo ricordo di Ayrton?

«Dal vivo, la mattina del primo maggio. La domenica del Gran Premio mi ero infatti recato al circuito per vedere il warm-up, decidendo di tornare subito dopo a casa mia, a Castelmaggiore, per gustarmi la corsa in Tv, dal salotto. Che resta il posto migliore per vedere un gran premio, se non hai la fortuna di correrlo. E io in quel momento mi ritrovavo a piedi, avevo perso il posto in Lotus e nell'automobilismo ai massimi livelli ero ancora un personaggio in cerca d'autore. Ecco, fu quello il mio saluto al campionissimo brasiliano. Io spettatore a bordo pista che lo vedo girare, mentre prova. Esattamente come tutto era iniziato, dieci anni prima, alla Rivazza, quando da ragazzo sognavo di essere Ayrton Senna».

Il Gran Premio di Imola per Senna si chiude con un ritiro al 42° giro per noie al circuito idraulico.

Senna's Imola GP concluded on the 42nd lap with problems with his car's hydraulics.

1993

And your last recollection of Ayrton?

"Alive, the morning of 1 May. The Sunday of the grand prix I went to the circuit to watch the warm-up, having decided to return home at Castelmaggiore as soon as possible to see the race on TV. And that's still the best place to see a GP if you're not lucky enough to compete in it. I didn't have a ride at the time as I'd lost my place at Lotus and in top level motor racing I was still a person in search of a seat. That was my salute to the great Brazilian champion. Me, a spectator on the edge of the track watching him go around as he practiced. Exactly how everything began 10 years earlier at Rivazza; when I as a kid dreamt of being Ayrton Senna".

Marlboro
Marlboro
8
Marlboro
Shell
Marlboro
COURTAULDS
Shell

MAGNETI MARELLI

1994

UN ADDIO DA LEADER

Mario Poltronieri

Imola 1994. *The chain*. La concatenazione di eventi. Una sequenza intrecciata e maledetta. Il venerdì comincia Rubens Barrichello, che al volante della Jordan picchia duro alla Variante Bassa e finisce all'ospedale, malconcio.

Il sabato, in qualifica, il rookie Roland Ratzenberger su Simtek va in testacoda alla Rivazza e invece di tornare ai box per un controllo, preso dalla foga di fare il tempo, tira dritto per inanellare un giro veloce e assicurarsi un posto in griglia, ma dopo il Tamburello ha un cedimento al musetto, perde direzionalità della monoposto e si schianta alla Villeneuve, morendo sul colpo.

Il Circus è sgomento. Senna su tutti. Ayrton, sconvolto, va a ispezionare di sua scelta la sezione, suscitando le ire dei federali. *The show must go on*.

La domenica, al via, uno schianto orribile tra la Lotus di Lamy e la Benetton di Lehto fa finire una ruota tra il pubblico della tribuna centrale, provocando feriti e contusi.

In pista è Ayrton Senna a menare le danze, fino a che, alle 14,17, il destino compie il suo corso. Mentre le monoposto percorrono il quinto giro, all'approccio del Tamburello, con ragionevole certezza per il cedimento del piantone dello sterzo, la Williams del campione tira dritta nella curva in pieno e si schianta contro il muretto a bordo pista.

Ayrton uscirebbe illeso dall'urto, se non fosse per un frammento della sospensione che

---

A LEADER'S GOODBYE

Imola, 1994. The chain. A sequence of events. One that was both entwined and damned. Rubens Barrichello started it all on the Friday. Driving his Jordan, he crashed hard at the Variante Bassa, ending up injured and in hospital.

Qualifying on the Saturday, rookie Roland Ratzenberger spun his Simtek at Rivazza and instead of returning to the pits for a check-up, he was keen to put up a good time and went straight on to put in a quick lap and claim a place on the starting grid. But after Tamburello, his car's nose broke, the Simtek lost direction, crashed at Villeneuve and he was killed instantly.

The circus was stunned, Senna more than anyone else. Ayrton was upset and decided to go and inspect that section of the track, to the annoyance of the officials. The show must go on.

On the Sunday at the start there was a horrible collision between Pedro Lamy's Lotus and J.J. Lehto's Benetton, which resulted in a wheel flying into the spectators' central stand causing injury and bruising.

On the track it was Ayrton who led the pack until 2.17 pm, when destiny took it's course. As his car was on its fifth lap and approaching Tamburello with reasonable certainty the steering column went, the champion's Williams charged straight on at full speed in the corner and crashed into the trackside wall.

Rothmans
RACING
SENNA
RENAULT
E
mans
elf
RENAULT
ns
NACIONAL
elf
Rothmans
Rothmans
Segafredo
ZANETTI

come una fiocina gli perfora la visiera del casco, infliggendogli ferite mortali alla testa.

Il tentativo di salvarlo, tramite il trasporto in elicottero all'ospedale Maggiore di Bologna, non può rimediare la situazione disperata. Alle 18,40 un bollettino medico del nosocomio petroniano ufficializza l'atroce realtà, della quale ormai tutti sono consapevoli. Ayrton Senna non c'è più.

Un'era gloriosa e irripetibile della F1 è finita per sempre.

Quel giorno, a condurre una delle telecronache dirette più lunghe e drammatiche della storia delle corse, c'era Mario Poltronieri, classe 1929, per oltre tre decadi "The Voice" della Rai nel mondo televisivo motoristico nazionale.

«E dire che tutto era partito splendidamente... – ricorda Mario, ora 86enne –, avevo una bellissima cabina, l'organizzazione sembrava impeccabile, il pubblico stava rispondendo stupendamente e lo spettacolo in pista era garantito... Invece che qualcosa non stesse andando a dovere lo si capì dall'incidente di Barrichello il venerdì, che fu il preludio alla tragedia di Ratzenberger, il sabato. Ma nessuno mai avrebbe potuto neppure lontanamente immaginare quella domenica così maledetta».

Qual era il tuo stato d'animo, la mattina?

«Avevo l'impressione che Senna, oltre che turbato dalla fine del povero Ratzenberger, fosse fortemente contrariato per quello che stava succedendo e anche per ciò che non stava succedendo. Di certo prese il via con uno stato d'animo particolare».

E la tua sensazione pochi attimi dopo l'incidente?

«Sinceramente ritenevo che il crash fosse senza conseguenze serie, perché l'angolo d'impatto non

---

Ayrton would have been uninjured if it wasn't for a fragment of the suspension that pierced his helmet's vizor like a spear, mortally wounding his head. An attempt to save him by flying him in a helicopter to the Maggiore Hospital in Bologna was unable to pull back an already desperate situation. At 6.40 pm, a medical bulletin issued by the Petroniano hospital confirmed the horrendous reality which, by that time, everyone knew about. Ayrton Senna was no more.

A glorious and unrepeatable era of Formula 1 had finished forever.

That day, Mario Poltronieri voiced the longest and most dramatic live television commentary in the history of motor racing for Italy's RAI national broadcasting organisation. Born in 1929, Poltronieri was for more than three decades "The Voice" in the RAI's TV coverage of national motor sport.

"And to think that it had started so splendidly", recalled the 86 year old Mario, "I had a great cabin, the organisation seemed impeccable, the spectators were reacting stupendously to the race and the action on the track was guaranteed...However, the fact that things weren't going so well was clear from Rubens Barrichello's accident on the Friday, which was a prelude to the Ratzenberger fatal crash on the Saturday. But nobody could ever have imagined even for an instant what would happen on that damned Sunday".

What kind of mood were you in that morning?

"Apart from the disturbing end of poor Ratzenberger, I had the impression that Senna was deeply bothered by what was happening – and also for that which was not happening. He certainly started the race in an unusual mood".

Il week-end imolese del 1994 si apre per Ayrton in Veneto dove si era recato per promuovere una bici prodotta dalla Carraro, che portava il suo nome.

The 1994 Imola weekend opened for Ayrton in the Veneto region where he was promoting a Carraro bicycle that carried his name.

NACIONAL

appariva così grave. Tendenzialmente sono un ottimista e pensai dentro di me che Ayrton se la potesse cavare senza problemi da un botto del genere, perché nello stesso posto ne avevo visti di peggiori e privi di conseguenze. Purtroppo mi sbagliavo. Se ci fai caso e ascolti la registrazione della telecronaca, in realtà dall'atteggiamento quasi positivo dei primi minuti dopo l'impatto, fummo costretti a fare lentamente retromarcia e a virare progressivamente su toni sempre più circospetti e, infine, ahimé, costernati».

Qual è, dopo tanti anni di viaggi, gare e momenti vicino a Senna, il tuo punto di vista su di lui?

«Be', per certi versi sembrava un angioletto. Era un personaggio strano, un uomo molto serio. Ricordo che quando si correva in Brasile lui parlava quasi esclusivamente di questa sua passione di aiutare i ragazzi meno fortunati, sfoderando una sensibilità commovente e una profondità d'animo notevole, ma mai e poi mai aveva il sorriso di uno che stesse raccontando una barzelletta».

E cosa dici della sua rivalità con Prost?

«Lì si vedeva che di grinta ne aveva e anche in quantità molto meno che moderata. Sai, analizzando Senna, per certi versi, trovo una caratteristica che ho poi riscontrato anche in Michael Schumacher, cioè il surplus di ego. Un aspetto comune a dei supercampioni, non necessariamente negativo, ma che a volte li vede predisposti a vivere fasi di corsa in modo estremo. D'altro canto Ayrton, come Gilles Villeneuve, anche se in contesti e in modi diversi dal canadese, non era un tranquillo, come indole».

And your feelings a few moments after the accident?

"I really thought the crash happened without serious consequences, because the angle of impact didn't seem serious. My tendency is to be an optimist and I thought within myself that Ayrton would make it after an impact like that without problems, because I had seen worse than that without consequences. Unfortunately, I was wrong. If you take notice and listen to the recording of the TV commentary, in reality from the attitude almost positive in the few minutes after the impact, I was forced to go back on my steps and progressively veer towards more circumspect tones of voice and, in the end, upset ".

After many years of travelling, races and moments close to Senna, what did you think of him?

"Well, in certain circumstances he seemed like a little angel. He was a strange person, a very serious man. I remember that, when he raced in Brazil, he spoke almost exclusively of his passion of helping less fortunate kids, bringing out an almost moving sensibility and a notable depth of soul. But never, never did he have the smile of a person who was telling a joke".

What can you tell us about his rivalry with Prost?

"One saw the pluck he had in a more moderate quality. You know, analysing Senna under some circumstances, I find a characteristic that I also discovered in Michael Schumacher – a surplus ego. A common aspect of superchampions which isn't necessarily negative, but in which you sometimes see they are prepared to live moments of the race in an extreme way. On the other hand, Ayrton, like Gilles Villeneuve, even if in different ways and contexts from the Canadian, did not have tranquility as part of his character".

La fantascientifica Williams che solo nella stagione precedente era stata guidata dal rivale di sempre Alain Prost, Ayrton l'aveva fortemente voluta ma, sin dai primi test precampionato, non aveva trovato il feeling giusto né con la squadra né con la monoposto, la FW16.

The superlative Williams which the previous season had been driven by his great rival Alain Prost, had been the object of Ayrton's desires, yet from the pre-season tests he had failed to establish a rapport with both car, the FW16, and team.

Rothmans
RENAULT
Rothmans
elf
GOODYEAR
EAGLE
Rothmans
GOODYEAR
Rothmans
RENAULT
RENAULT

elf

Che tipo di rapporto avevi con Senna?

«Un rapporto normale, non ci vedevamo come amici, ma da buoni conoscenti. Lui era uno sempre pronto a darti una risposta interessante. Poi, se devo dirla tutta, io in realtà sono un allegro, un compagnone, mentre lui lo vedevo troppo serioso, sempre. Era un uomo assai diverso da Juan-Manuel Fangio, che ho conosciuto bene. E, benché freddo e micidiale in pista, credimi, nel contatto umano l'argentino incarnava la quinta essenza della simpatia. Stiamo comunque parlando sul piano sportivo e agonistico di grandissimi campioni, di piloti e soprattutto di uomini che hanno segnato ciascuno in modo indelebile le loro epoche».

Cosa puoi dire ora, a più di venti anni di distanza, di quella tua diretta televisiva di domenica 1 maggio 1994, così torrenziale, inattesa, infinita e drammatica?

«Fu davvero una cosa del tutto inaspettata e improvvisata, puntualizza Mario. Pensa che iniziammo alle dieci di mattina e in un modo o nell'altro andammo avanti di filato fino alle sette di sera, ossia venti minuti dopo l'ufficializzazione del comunicato che purtroppo dava la notizia certa della morte di Ayrton Senna. Un'esperienza che mai avrei pensato di dover vivere e che mi capitò proprio a fine carriera, perché il 1994 fu di fatto l'ultimo anno delle mie telecronache prima del pensionamento, visto che avevo raggiunto i sessantacinque anni d'età. E credo proprio che la mia lunga militanza nelle corse, prima da pilota e poi da giornalista, la profonda passione e magari un buon retroterra culturale mi abbiano aiutato anche in quell'occasione, che purtroppo non posso certo ricordare con serenità e soddisfazione, anche se feci di tutto per garantire il massimo dell'obiettività e dell'informazione puntuale».

What kind of relationship did you have with Senna?

"A normal relationship. We weren't friends, but we knew each other well. He was a person who was always ready to give you an interesting answer, But then I must say, I am a jovial, jolly sort of fellow, but I saw him as always being too serious. He was a man who was so different from Juan Manuel Fangio, who I knew well. And while he was cold and deadly on the track, believe me in terms of human contact the Argentine was the quintessence of pleasantness. However, we are talking about a sporting and competitive level of truly great champions, of racing drivers and, above all, men who left an indelible mark on their respective eras".

What can you say now, more than 20 years later, of your live television broadcast of 1 May 1994, which was so devastating, unexpected, infinite and dramatic?

"It really was completely unexpected and improvised", recalled Mario. "Just think, we began at 10 am and in one way and another we went ahead non-stop until 7 pm, 20 minutes after the official of the press release which, sadly, gave us the confirmed news of Ayrton Senna's death. An experience that I never ever thought I would have to live through and which happened at the end of my career, because 1994 was the last year of my TV commentating before retiring as I was 65. And I believe it was my long experience of racing, first as a driver and then a journalist, the strong passion and perhaps a good cultural background that helped me on that occasion, too. I certainly can't recall it with serenity and satisfaction, even if I did everything to ensure maximum objectivity and immediate information".

Il week-end di Imola inizia sotto i peggiori auspici: prima l'incidente di Rubens Barrichello il venerdì poi quello fatale di Roland Ratzenberger il sabato. Il circus è sotto choc e Ayrton lo è più di tutti. Sulla griglia di partenza, la domenica, è una maschera.

The Imola weekend got off to the worst possible start: firstly Rubens Barrichello's accident on the Friday and then Roland Ratzenberger's fatal crash on the Saturday. The circus was in shock, Ayrton more than anyone. His face was a mask on the grid on the Sunday.

SENNA
RENAULT
NACIONAL
elf
Rothmans

E Imola? Di fatto il circuito ne uscì, e in gran parte del tutto ingiustamente, sotto accusa.

«A me la pista di Imola è sempre piaciuta. A differenza di Monza, velocissima e del tutto piatta, Imola coi suoi dislivelli e le sue pieghe rappresenta quel che si dice un anfiteatro naturale e, malgrado le diverse configurazioni assunte in nome della sicurezza, nei decenni ha sempre mantenuto la sua ragion d'essere. Il problema forse è un altro. Da questo punto di vista, il caso Senna a Imola, il giorno 1 maggio 1994, rappresenta una specie di spartiacque filosofico.

Prima della sua fine, l'opinione pubblica, inconsciamente, quasi accettava che un pilota potesse morire in corsa. Dopo, da subito dopo, l'approccio emotivo della gente è cambiato. Per questo sia la pista di Imola che la F1 in senso globale, da quel giorno, hanno subito dei processi di mutamento che hanno segnato comunque la fine di un'era, contrassegnata, più di ogni altro aspetto, dal nome, dal fascino e dalle imprese di Ayrton Senna».

1994

And Imola? In fact the circuit came out of it under accusation, most of it completely unjust.

"I have always liked the Imola circuit. Unlike Monza, which is very fast and almost all flat, Imola rises and falls and has corners, which make it a natural amphitheatre and, despite the different configurations taken on in the name of safety, over the decades it has always maintained its raison d'être. Perhaps the problem is something else. From that point of view, the Senna accident at Imola on 1 May 1994 was perhaps a philosophical watershed.

"Before his end, public opinion almost unconsciously accepted that a driver could die in racing. Immediately afterwards, the emotive approach of the people changed. For that reason, both the Imola track and Formula 1 in a global sense were subjected to processes of change from that day on. They marked the end of an era, one affected more than anything else by the name, the fascination and the immense success of Ayrton Senna".

Al prima via l'ennesimo, spaventoso incidente di un week-end già da dimenticare. Quindi è la volta della safety car e delle ripartenza che vede Ayrton ancora una volta davanti mentre cerca di scappare via da tutti i dubbi e le paure dei giorni precedenti.
Sono le ultime immagini di Senna pilota, del suo grande e stupefacente passaggio terreno prima che tutto, per sempre, si solidifichi nel mito.

The start saw the latest terrible crash of a weekend to forget. The safety-car was called out and the restart saw Ayrton once again leading the pack as he tried to escape all the doubts and fears of the previous two days.
These are the last images of Senna the driver, of his grandiose, stunning life on Earth before passing into legend.

Q8 Oils
LatteMiele

Kronenbourg
FIA
FORMULA 1
WORLD
CHAMPIONSHIP
Marlboro
World Championship Team

ORDEM E PROGRESSO

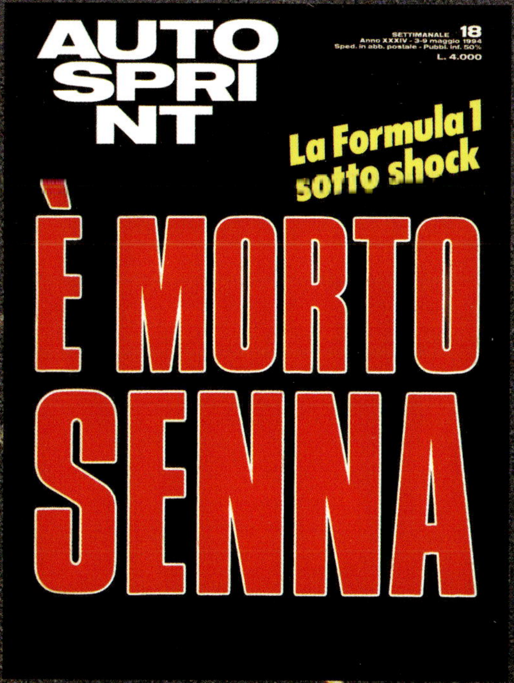

AUTO SPRINT

SETTIMANALE 18
Anno XXXIV - 3-9 maggio 1994
Sped. in abb. postale - Pubbl. inf. 50%
L. 4.000

La Formula 1 sotto shock

È MORTO SENNA

La copertina del settimanale *Autosprint* uscito in edicola subito dopo il terribile weekend imolese.

The cover of the weekly Autosprint that was on the newsstands immediately after the terrible Imola weekend.

VENT'ANNI DOPO... AYRTON DI NUOVO A IMOLA

TWENTY YEARS LATER... AYRTON AT IMOLA AGAIN

1 maggio 2014. Vent'anni dopo. Venticinquemila presenze dichiarate dagli organizzatori di F1passion.it per la fatidica giornata di giovedì 1 maggio, ventesimo anniversario della scomparsa di Ayrton. Immenso è stato il cerchio dell'affetto e della nostalgia che si è stretto attorno al ricordo del campionissimo, con epicentro la curva del Tamburello, all'orario simbolico delle 14 e 17, quando una marea umana ha ondeggiato dall'emozione a dimostrare quanto possa essere importante provare tutti insieme un sentimento di memoria condivisa e interiore. Un serpentone immenso che ha percorso in processione sacrale gli ottocento metri di pista dal traguardo fino alla piega che costò la vita a Ayrton, lasciando poi spazio al contributo dei piloti presenti che al microfono si sono alternati ricordando Senna con parole toccanti. La partecipazione ufficiale della Ferrari con Alonso e Raikkonen ha conferito una patina di caldo glamour. Come ha detto Alonso «Senna meritava un ricordo così importante»; gli hanno fatto eco Mauro Forghieri, Gian Carlo Minardi e Jarno Trulli aggiungendo che «Ayrton era soprattutto un grande uomo che andava al di là dello Sport». Il dottor Claudio Costa, che di Imola è uno dei simboli, ha concluso che «Tutti questi tifosi stanno rendendo Senna immortale». Quasi a perpetuare il concetto che è titolo di questo libro: Senna e Imola, una storia nella storia.

1 May 1994, 20 years later. The organisers of F1 Passion confirmed that 25,000 people were at that fateful Thursday 1 May, the 20th anniversary of Ayrton's death.
An immense circle of affection and nostalgia held them tightly together, remembering the great champion, the epicenter the Tamburello corner at the symbolic time of 2.17 pm. A time when a human sea awash with emotion showed just how important it can be to all feel such sentiment of shared inner recollection together.
An immense crowd walked in procession over the 800 metres of track, from the start to the corner that cost Ayrton his life. Other drivers attending this emotional anniversary made their contributions, alternating with their recollections of Senna with touching words.
The official participation of Ferrari with Fernando Alonso and Kimi Raikkonen imbued the gathering a patina of warm glamour. As Alonso said, "Senna merits such an important memory as this". Similar words were echoed by Mauro Forghieri, Gian Carlo Minardi and Jarno Trulli, who added, "More than anything else, Ayrton was a great man who went beyond the sport". Dr. Claudio Costa, a symbol of Imola, concluded by saying, "All of these fans are making Senna immortal".
The title of this book almost perpetuates that concept: "Senna and Imola: a story within a story".

AYRTON SENNA
TRIBUTE 1994 / 2014

INSTITUTO AYRTON SENNA
Não importa como
Rothmans
RENAULT
elf
GOODYEAR

Marlboro
Shell

HONDA
CAMEL
GOODYEAR

TUTTI I NUMERI DI AYRTON A IMOLA
ALL THE NUMBERS ON AYRTON AT IMOLA

1984

Monoposto/Car: **TOLEMAN TG 183B-HART TURBO**
Qualifica/Qualifying: 28° in 1′41″585
28TH in 1′41″585
Corsa/race: non qualificato
did not qualify

1985

Monoposto/Car: **LOTUS 97T-RENAULT TURBO**
Qualifica/Qualifying: pole position in 1′27″327
pole position in 1′27″327
Corsa/race: 7° a 3 giri (classificato ma ritirato, senza benzina)
7TH, three laps down (classified but retired, ran out of fuel)

1986

Monoposto/Car: **LOTUS 98T-RENAULT TURBO**
Qualifica/Qualifying: pole position in 1′25″050
pole position in 1′25″050
Corsa/race: ritirato 12° giro (cuscinetto ruota)
retired 12TH lap (wheel bearing)

1987

Monoposto/Car: **LOTUS 99T-RENAULT TURBO**
Qualifica/Qualifying: pole position in 1′25″826
pole position in 1′25″826
Corsa/race: 2° a 27″545
2ND at 27″545

1988

Monoposto/Car: **McLAREN MP4/4-HONDA TURBO**
Qualifica/Qualifying: pole position in 1′27″148
pole position in 1′27″148
Corsa/race: 1° in 1h32′41″
1ST in 1h32′41″

1989

Monoposto/Car: **McLAREN MP4/5-HONDA**
Qualifica/Qualifying: pole position in 1′26″010
pole position in 1′26″010
Corsa/race: 1° in 1h26′51″
1ST in 1h26′51″

1990

Monoposto/Car: **McLAREN MP4/5B-HONDA**
Qualifica/Qualifying: pole position in 1′23″220
pole position in 1′23″220
Corsa/race: ritirato 4° giro (problemi a una ruota)
retired 4TH lap (wheel problems)

1991

Monoposto/Car: **McLAREN MP4/6-HONDA**
Qualifica/Qualifying: pole position in 1′21″877
pole position in 1′21″877
Corsa/race: 1° in 1h35′14″
1ST in 1h35′14″

1992

Monoposto/Car: **McLAREN MP4/7-HONDA**
Qualifica/Qualifying: 3° in 1′23″086
3RD in 1′23″086
Corsa/race: 3° a 48″984
3RD at 48″984

1993

Monoposto/Car: **McLAREN MP4/8-FORD**
Qualifica/Qualifying: 4° a 1″937
4TH at 1″937
Corsa/race: ritirato 43° giro (problema idraulico)
retired 43TH lap (hydraulic problem)

1994

Monoposto/Car: **WILLIAMS FW16-RENAULT**
Qualifica/Qualifying: pole position in 1′21″548
pole position in 1′21″548
Corsa/race: ritirato 6° giro (incidente mortale)
retired 6TH lap (fatal accident)

2014

Pubblico/Crowd: 25.000 presenze/*spectators*

Finito di stampare/Printed by
D'Auria Printing Spa - Ascoli Piceno
Febbraio/February 2015